파란천사, 날개를 펴다

파란 천사, 날개를 펴다

펴낸날	2025년 6월 21일
지은이	송창익
펴낸이	유영일
펴낸곳	올리브나무 출판등록 제2002-000042호
	경기도 고양시 일산동구 정발산로 82번길 10, 705-101
	전화 031-905-8469, 010-7755-2261
	팩스 031-629-6983 E메일 yoyoyi91@naver.com
	대표	이순임

ⓒ 송창익, 2025

ISBN 978-89-91860-48-1 03810

이 책은 저작권법에 따라 보호를 받는 저작물이므로 무단 전재와 복제를 금합니다.
이 책의 전부 또는 일부를 사용하려면 반드시 저작권자의 서면 동의를 받아야 합니다.

값 20,000원

파란천사,
날개를
펴다

송창익 지음

올리브
나무

| 머리말 |

"당신도 다시 살아날 수 있습니다."

　내가 이 책을 쓰게 된 진짜 이유는 오직 하나였습니다. 살고 싶지만, 도무지 살아낼 수 없는 사람들에게 '희망은 있다'는 것을 직접 증명해 보이고 싶었기 때문입니다.

　오랜 시간 나는 몸이 무너지는 고통을 견뎌야 했습니다. 척추가 부러져 철심을 박고 살아야 했고, 목 신경이 마비되어 잠드는 것조차 두려워하는 밤을 수없이 견뎌야 했습니다. 게다가 설상가상 눈앞이 점점 흐려지며 결국 실명 위기까지 맞닥뜨려야 했습니다. 누구보다 열심히 살아왔다고 생각했는데, 그 보상은 고통과 절망이었습니다. 몸이 아픈 것도 서러웠지만, 그 고통 앞에서 아무것도 할 수 없는 무력감이 나를 더욱 무너뜨렸습니다. 그러나 그보다 더 잊지 못할 순간이 있습니다. 병든 몸을 이끌고 병원에 앉아 있을 때, 옆자리에서 진료비가 없어 발을 동동 구르며 돌아서는 노인의 어깨를 보았을 때였습니다. 그 순간, 깨달았습니다. 이 사회의 더 깊은 고통은 단순히 몸이 아픈 것이 아니라, 아파도 치료받을 수 없고, 굶어도 호소할 곳조차 없는 삶의 벼랑에 선 이들이 있다는 것이었습니다. 그럼에도 나는 살아야 했습니다.

그러면서 내가 받은 이 기적의 회복은 나 혼자만 살라는 의미가 아니었음을 깨달았습니다. 하루하루, 순간순간마다 다시 살아난 듯 숨을 쉬며 느꼈습니다. "아, 내가 다시 살아난 이유는, 누군가에게 살아갈 수 있다는 메시지를 전하기 위해서구나." 아픈 사람에게는 회복을, 가난한 사람에게는 생계의 돌파구를, 절망한 사람에게는 다시 웃을 수 있는 희망을 전하고 싶은 마음이 솟구쳤습니다. 그래서 그렇게 나는 '파란천사 운동'을 펼치기 시작했습니다.

이 책에는 단순한 건강정보도, 이론도 없습니다. 오직 내가 직접 겪은 고통과 회복, 그리고 사명의 이야기가 담겨 있을 뿐입니다. 나는 알고 있습니다. 지금 이 책을 들고 있는 당신 역시, 몸이 아프거나 마음이 지치거나, 삶이 너무 힘겨워서 오늘 하루를 견디기조차 힘겨운 상황일지도 모릅니다. 그리고 조용히 이렇게 속삭이고 있을지도요. "나는 안 될 거야. 나만 너무 힘들어." 그런 당신에게 나는 담담히, 그러나 확신을 담아 말할 수 있습니다.

"괜찮습니다. 나도 그랬습니다. 그러니 당신도 분명히 다시 일어설 수 있습니다."

이 책은 단지 나만의 이야기가 아닙니다. 삶을 포기하고 싶었던 한 사람이 어떻게 다시 '살기로' 결심했고, 그 사명을 따라 어떻게 새로운 생명을 나누고 있는지에 대한 기록입니다. 그리고 동시에, 지금 삶의 끝에서 주저앉은 당신에게 전하고 싶은, 진솔하지만 따뜻한 손내밈입니다.

그리고 이 책의 마지막 페이지를 덮는 순간, 당신의 마음에도 조용히 희망의 싹이 자라나길 바랍니다. 그리고 그 희망이 당신의 몸과 삶을 일으켜 세워 진정한 회복으로 이어지기를 간절히 소망하며 기도합니다.

나의 회복이 곧, 당신의 시작이 되기를….

2025년 봄
송창익

차례 CONTENTS

프롤로그 | 넘어진 자리에서 피어난 사명 ● 12

제1장 병든 육체, 깨어나는 사명
커튼 하나, 내 인생을 바꾼 순간 ● 16
고통은 나를 멈추게 했지만, 사명은 나를 다시 일으켰다. ● 20
장애라는 이름 속에 피어난 사명 ● 23
내가 아픈 만큼, 가족도 아팠다 ● 25
웃고 있지만, 나는 아픕니다 ● 28

제2장 밤이 두려웠다—목신경까지 올라온 통증
가장 깊은 밤, 가장 치열한 싸움 ● 32
잠 못 이루던 밤, 다시 빛이 되다 ● 35
베개 위의 눈물 ● 37
고통의 밤, 다시 살아날 이유를 배우다 ● 39

제3장 눈앞이 무너졌다—황반변성과 실명 위기
빛이 사라질까 두려운 날 ● 44
두려움이 눈으로 들어오던 순간 ● 47
빛이 흐려질수록, 마음은 더 밝아졌다 ● 49
흐려진 시야, 더 또렷해진 사명 ● 52
눈물 속에서 다시 빛을 붙잡다 ● 54

제4장 다시, 기적의 불씨—주파수 의료기를 만나다

주파수 한 줄기에서 시작된 회복의 기적 ● **58**
삶을 다시 세운 주파수의 기적 ● **60**
확신의 순간 – 라이프 박사의 실험을 보다 ● **63**
세포가 다시 숨 쉬기 시작했다 ● **67**

제5장 세포가 깨어나다—BOB 효소와의 만남

내 몸과 마음이 다시 살아나는 생명의 한 컵 ● **72**
한 컵의 생명력 – 나는 이렇게 다시 일어섰다 ● **75**
목의 통증이 사라진 날 – 회복은 그렇게 시작되었다 ● **78**
세포가 깨어나는 순간 – 몸과 다시 연결된 나의 이야기 ● **80**
기적은 몸에서 시작된다 – BOB 효소가 만든 회복의 서사 ● **83**
생명 에너지, 다시 시작된 사명의 공간 ● **86**

제6장 질병에서 사명으로—회복의 시간, 파란천사 운동

한 사람의 고통이, 한 공동체의 비전이 되기까지 ● **90**
고통 끝에 다시 심긴 천사의 씨앗 ● **92**
다시 피어난 파란천사, 꺼지지 않은 사명의 불씨 ● **94**
건강 회복은 곧 인생 회복이다 ● **97**
통증 속에서 피어난 사명의 불빛 ● **100**

차례 CONTENTS

제7장 복지를 넘어서—생명을 디자인하다

고통이 머문 자리에, 회복이 시작되다 ● 104
BOB 효소, 세포를 깨우는 식사 ● 106
생명은 식탁에서 시작된다 ● 109
BOB 효소가 일으킨 또 하나의 기적—김민수 어르신 이야기 ● 112
암을 이긴 식탁 위의 기도—이수연 씨의 생명 회복 이야기 ● 115
건강이 복지의 시작이었다 ● 118

제8장 고통을 넘어 선한 세상으로—건강과 복지의 통합 모델

절망 끝에서 피어난 복지의 새로운 언어 ● 122
삶의 끝자락에서 마주한 질문, 복지란 무엇인가 ● 125
건강과 복지, 둘은 하나여야 한다 ● 127
건강 없는 복지는 반쪽짜리일 뿐이다 ● 129
파란천사, 건강과 복지의 메신저가 되다 ● 131
복지는 제도가 아니라 사람이다 ● 134
대한민국 복지의 새로운 모델을 꿈꾸며 ● 136
세상의 고통에 응답하는 이름, 파란천사 ● 139

에필로그
　이제는, 말할 수 있다 ● **144**
　생명을 잇는 길 위에서 ● **145**

한국새생명복지재단 설립 취지 및 파란천사 운동의 전개 ● **147**

■ 독자에게 드리는 편지 | 치유의 길, 함께 걸어주셔서 감사합니다 ● **157**

부록: 회복의 열쇠 '효소', '주파수', '물'
　들어가는 말 ● **160**
　부록 Ⅰ. 회복의 열쇠―효소 ● **163**
　부록 Ⅱ. 회복의 열쇠―주파수 ● **192**
　부록 Ⅲ. 회복의 열쇠―물 ● **200**

■ 글을 마치며 ● **210**

| 프롤로그 |

넘어진 자리에서 피어난 사명

한 걸음. 그 한 걸음을 떼는 데 얼마나 오랜 시간이 걸렸는지 모릅니다. 척추가 부러지고, 철심이 내 몸에 박혔습니다. 목 신경의 마비로 잠들지 못했던 수많은 밤과 황반변성의 공포로 눈앞이 일그러지고 흐려지며 세상이 무너지듯 내 삶을 통째로 덮었습니다.

살아있다는 것이 너무 힘겨웠고, 매일 버텨야 했던 그 시간 동안은 한 줄기 희망도 없이 그야말로 고통을 참아내야 하는 날들의 연속이었습니다. 하지만… 그 고통의 터널 끝에서 나는 깨달았습니다. "아직 끝이 아니구나. 나에게는 사명이 남아 있는데."

내 통증이 누군가의 회복이 될 수 있다면, 내 눈물 한줄기가 누군가에게 위로가 될 수 있다면, 이 삶은 결코 실패가 아닐

것이라는 믿음이 솟아났습니다. 그렇게 해서 나는 다시 일어설 수 있었습니다.

주파수 의료기 앞에 앉아, 생명을 살리는 소리를 들었습니다. BOB 효소 한 컵에 담긴 자연의 에너지로 내 몸의 세포들이 다시 깨어나 문을 열고 서로 소통하는 기적을 온몸으로 느꼈습니다. 나는 다시, 살기로 마음을 굳게 다졌습니다. 그리고 이 같은 나의 회복 이야기를 고통의 한가운데 있는 당신에게 전해야겠다는 열망을 품게 되었습니다.

그러니 이 책은 단순한 의학 정보서도, 그렇다고 개인의 감정을 나열한 넋두리도 아닙니다. 한 사람의 진짜 이야기이며, 살아있는 회복의 증거입니다. 병상 위에서 좌절하던 어느 날, 마지막이라 여겼던 그 순간, 내가 어떻게 해서 다시 '희망'을 선택했는가에 대한 기록입니다. 만약 지금 이 책을 손에 든 당신이, 통증으로 몸을 움츠리고 힘겨워하고 있다면, 마음 한켠이 지쳐서 무너지고 있다면, 나는 조용히 속삭여주고 싶습니다. "괜찮습니다. 나도 그랬습니다. 그러니 당신도 다시 일어설 수 있습니다."

이런 말로 나는 이 책 속에서 그런 당신을 위해 따뜻한 증언을 전합니다. 고통을 딛고 회복을 향해 걸어온 발자국, 그리고 그 끝에서 피어난 새로운 사명에 관한 이야기를 통해서 말입니다.

지금, 이 책의 첫 장을 여는 순간부터 당신의 회복도 함께 시작되기를 간절히 소망합니다.

병든 육체, 깨어나는 사명

눈은 떠졌지만, 손가락 하나, 발가락 하나조차
내 의지대로 움직일 수 없었다.
마치 내 육체가 나와 단절된
타인의 것처럼 느껴졌다.

커튼 하나, 내 인생을 바꾼 순간

2002년 8월, 그해 여름은 내 인생의 궤도를 완전히 바꾸어 놓은 계절이었다. 서울시가 추진하던 청계천 복원사업의 일환으로 '청계천 시민 탐사단'이 구성되었고, 나는 서울 시민 100인 중 한 사람으로 초청받는 영광을 안았다. 당시만 해도 평범한 시민이었던 나는, 갑작스러운 이 참여 요청이 신기하고 감사했다. 그런데 그 행사 취재를 위해 한 방송사에서 "이왕이면 가족이 집에서 나서는 장면부터 담고 싶다."라고 하면서, 우리 집에서 아침부터 촬영하겠다는 것이다. 정치인도, 연예인도 아닌 나 같은 사람에게 이런 기회가 오다니. 온 가족이 설렘 반, 긴장 반으로 집안 단장을 시작했다.

아내는 촬영 전날 밤늦도록 집 안을 정리했고, 그동안 세탁해서 장롱 속에 넣어두었던 거실 커튼을 꺼내 달자고 했다.

평소 야근이 잦았던 나는 그날도 자정이 넘어서야 귀가했지만, 아내의 간절한 부탁을 거절할 수 없어 피곤한 몸을 이끌고 커튼을 달기 위해 의자 위에 올라섰다.

바로 그때, 깜작할 순간에 갑작스럽게 밀려온 어지럼증으로 중심을 잃고 말았다. 그리고 내 몸은 순식간에 공중을 가로질러 이내 거실 바닥과 정면으로 부딪치면서 나가떨어졌다. '쿵!'—말로 표현할 수 없는 충격이 전신을 강타했다. 쓰러지던 찰나, 나는 등 아래 어딘가가 '끊어지는 느낌'을 분명히 느꼈다.

의식을 잃은 나는 그대로 응급실로 실려 갔고, 병원에 도착했을 때는 이미 의식이 깊이 가라앉아 있었다. 무려 13시간 동안 수술대 위에 누운 채 생사를 오락가락하고 있었다. 의료진은 즉시 정밀 MRI와 CT 촬영을 통해 시간이 늦으면 하반신 마비가 올 수 있는 상태임을 확인했고, 보호자인 아내는 바로 수술을 하기로 결정했다.

내 척추는 완전히 무너져 있었고, 고도로 복잡한 외과적 조치를 하지 않으면 영구적인 마비로 이어질 수 있는 위급한 상황이었다. 의료진은 내 척추의 손상된 뼈들을 제거하고, 그 자리에는 뼈 이식과 함께 척추를 지탱할 티타늄 금속 막대와 볼트를 조심스럽게 삽입해 뼈를 고정했다.

13시간! 그 시간 동안 수술실 밖 대기실에 앉아 있는 가족들은 그야말로 망연자실할 수밖에 없었다. 아내는 간절한 마음으로 기도하며 기다렸고, 어린 두 아들은 아빠가 깨어나기만을 바라면서 그 긴 밤을 버티어냈다. 그리고 마침내 수술이 끝났고, 다행히 생명은 건졌지만, 내 몸은 이전과 같을 수는 없게 되었다는 의사의 말은 차갑디 찬 현실로 다가오고 말았다.

나는 중환자실에서 서서히 의식을 되찾았다. 눈을 뜬 순간, 내 앞에 펼쳐진 세상은 완전히 달라져 있었다. 눈은 떠졌지만, 손가락 하나, 발가락 하나조차 내 의지대로 움직일 수 없었다. 마치 내 육체가 나와 단절된 타인의 것처럼 느껴졌다. 곧이어 전해 들은 의사의 말은 내 정신을 또 한 번 깊은 절망의 나락으로 밀어 넣었다. "척추가 완전히 손상되어 티타늄 철심과 볼트로 고정했습니다. 앞으로 평생 이 금속들과 함께 살아가셔야 할 겁니다. 그리고 회복은 상태에 따라 아주 더딜 수 있습니다." 나는 할 말을 잃었다. 몸속에 철이 들어갔다는 현실, 그리고 앞으로의 삶이 어떻게 펼쳐질지 상상조차 할 수 없다는 막막함이 엄습해 왔다. 세상은 그대로인데, 나만 홀로 남겨진 채 멈춰버린 것 같았다.

게다가 통증은 상상을 초월했다. 수술로 생긴 절개 부위의 통증뿐만 아니라, 척추를 따라 퍼지는 신경통은 마치 온몸이 불길에 휩싸인 채 타들어 가는 느낌이었다. 움직이지 않아도 아팠고, 숨을 쉬는 것조차 조심스러울 정도였다. 의료진은 강력한 진통제를 시간마다 주사로 투여하며 내 고통을 조금이라도 덜어주려 애썼다. 팔뚝에는 수없이 꽂힌 주삿바늘 자국이 선명하게 남았고, 링거줄을 통해 흘러들어오는 약물은 마치 뜨거운 물처럼 느껴졌다.

나는 하루에도 수십 번씩 간호사 호출 버튼을 눌러댔다. 숨을 쉴 때마다 통증이 밀려왔고, 깊은 잠은커녕 눈을 감고 있는 시간조차 지옥 속에 있는 것 같았다. 그 고통의 파도 속에서 나는 점점 나약해졌고, 스스로 무너져 내리는 절망감 속에서 매일매일을 견뎌내야만 했다. 그 시간들 속에서 나를 가장 아프게 한 건 '무력감'이었다. 누군가가 침대 옆에 놓고 간 수건 하나 집어들 수 없고, 반쯤 열린 병실 문조차 스스로 닫을 수 없다는 현실 앞에서. 밥을 떠먹는 것도, 세수를 하는 것도, 물 한 잔 마시는 것까지 누군가의 손을 빌려야만 하는 현실이, 내 자존심과 내 존재를 짓누르고 있었다.

그러던 어느 날, 아내가 조용히 내 손을 잡으며 말했다. "당신, 아직 살아 있어요. 그리고 우리랑 약속했잖아요. 다시 일어나기로."

그 말을 듣는 순간 눈물이 왈칵 쏟아졌다. 그 눈물은 단순한 감정의 배출이 아니었다. 그것은 다시 일어나겠다는 결연한 의지가 피처럼 내 안을 돌기 시작했다는 신호였다. 나는 깨달았다. 이 고통은 끝이 아니라, 새로운 삶의 문을 열어젖히는 서막이라는 것을.

고통은 나를 멈추게 했지만, 사명은 나를 다시 일으켰다

수술 후 병실의 침대 위에 누운 채, 나는 매일 고통과 침묵 속에서 하루하루를 지냈다. 몸을 살짝만 움직여도 척추를 타고 퍼지는 통증은 마치 전류가 온몸을 찔러대며 흐르는 듯했다. 눈을 감으면 내면의 어둠은 더 짙게 드리워졌다. 그러나 육체의 고통보다 더 깊은 절망은 마음에서 왔다. '나는 다시 일어날 수 있을까?' '앞으로 어떤 삶을 살아야 할까?'라는 질문이 매일 나를 짓누르고 있었다.

가장 힘든 시간은 새벽이었다. 조용한 병실, 꺼진 형광등 아래 홀로 깨어 있던 나는 과거를 떠올렸다. 아내와 아이들과 나눈 평범했던 일상, 뜨거운 열정을 쏟아부었던 젊은 날의 사업, 누군가를 도우며 의미를 찾았던 순간들. 그 모든 기억이 멀어져 가는 아득함에 나는 깊은 무력감으로 빠져들곤 했다.

스스로 움직일 수 없다는 현실은 나를 무참하게 그리고 철저히 무너뜨렸다. 무엇 하나 내 힘으로 할 수 없다는 사실은 단순한 불편을 넘어, 존재 자체가 부정당하는 느낌이었다. 고개를 돌리기도 힘든 날에는 이런 생각도 스치곤 했다. '이렇게 살아야 한다면, 도대체 나의 삶은 무슨 의미가 있는 걸까?' 그럴 때마다 나를 붙잡아준 건 가족이었다. 아내의 다정한 손길, 두 아들의 해맑은 눈빛. 특히 아이들이 병실로 찾아와 내 손을 꼭 잡고 했던 말은 지금도 내 가슴을 울린다. "아빠, 우리랑 약속했잖아요. 다시 같이 축구하기로 했잖아요."

그 한마디가 하나님께서 나에게 주시는 위로처럼 들렸다. 나는 눈물을 흘렸고, 마음속 깊이 다짐했다. '그래, 다시 일어나야 해. 이 고통을 헛되게 하지 말아야지.'

그 결심 이후, 나는 가능한 모든 방법으로 재활을 시작했다. 그때부터 본격적인 재활의 시간이 시작되었다. 척추 수술을 받은 사람에게 있어 회복은 단지 시간이 해결해 주는 일이 아니다. 그것은 고통을 딛고 감내하며 다시 태어나는 여정이었다.

침대 위에서의 첫 번째 목표는, '앉기'였다. "오늘은 15도까지만 상체를 세울게요." 간호사의 말에, 나는 고개를 끄덕이기는 했지만, 속으로는 두려움에 몸이 떨렸다. 고작 몸을 약간만 들어 올리는 것인데도, 마치 거대한 바위가 내 척추 위로 올려지는 듯한 압박감이 밀려왔다. 숨을 들이쉬는 것조차도 온몸의 통증을 건드리는 일이었으니. 앉기→서기→걷기. 단순해 보이는 이 세 단어가, 나에게는 얼마나 멀고 험한 길인지를 처음 알았다.

재활치료실로 가는 길은 짧았지만, 마음속에선 수없이 많은 싸움이 일어났다. '나는 다시 걸을 수 있을까?' '이 고통이 끝나는 날이 오긴 할까?' 치료는 고통스러웠고, 때로는 잔인스러웠다. 치료사의 손끝이 조금만 세게 가해져도 신경을 따라 번

개처럼 순간에 찌르는 고통으로 온몸이 아우성치는 듯했다. 그리고 뻣뻣하게 굳은 다리 근육을 푸는 스트레칭은 마치 불에 타는 것같이 뜨거웠다. 그 고통을 견디며 나는 매일 스스로에게 다짐했다. '포기하지 마. 오늘은 어제보다 조금 더 나아졌잖아.'

재활의 기적은 느리고 조용하게 찾아왔다. 어느 날은 마비됐던 오른발의 엄지발가락이 아주 살짝 움직였고, 또 다른 날은 거울 속에서 등을 곧게 세우고 서 있는 나를 보고 스스로 놀라워했다. 그런 나를 보노라니 눈물이 주르륵 흘러내렸다. 그 작은 움직임 하나하나가 나에게는 세상을 향해 다시 나아가기 위해 문을 여는 출입구 같았다.

재활은 몸을 고치는 시간만이 아니었다. 마음도 다시 일으켜 세우는 시간이었다. 병원 로비 창가에 앉아서 해가 지는 하늘을 바라보며, 나는 '살아 있음'의 소중함을 되새겼다. 누군가는 이 길을 포기했을 수도 있다. 하지만 나는 이미 내가 살아야 할 이유를 알았고, 그 사명을 위해 이 고통을 감내해야만 한다는 걸 믿었다. "오늘은 계단 오르기 연습을 해볼까요?" 물리치료사의 그 말 역시도 내게는 또 하나의 통과의례 같았다. 두 손으로 난간을 꼭 붙잡고, 처음 계단에 한 발을 올렸을 때, 나는 온몸이 전율하는 걸 느꼈다. 그 한 발걸음은 내가 다시 세상으로 나아가는 첫걸음이 되었다.

장애라는 이름 속에 피어난 사명

나는 재활을 통해 기적처럼 다시 걸을 수 있게 되었다. 병원을 나설 때 두 다리는 비록 천천히 움직였지만, 스스로의 힘으로 내딛는 그 몇 걸음은 세상을 다시 품에 안은 듯 감동 그 자체였다. 커튼을 젖히고 햇살을 바라보는 아침, 따뜻한 밥 한 그릇을 마주하는 저녁, 버스 정류장에서 사람들 사이에 나란히 서 있는 그 순간까지, 일상의 모든 소소한 것이 소중하고도 감사했다.

나는 그렇게 '회복된 삶' 속으로 돌아왔고, 다시 일상으로 들어갔다. 그러던 어느 날, 외래 진료에서 담당 의사가 나에게 "이제는 장애 등록을 고려하셔야 합니다."라고 말하는 것이 아닌가! 그 말을 듣는 순간, 마치 시간이 멈춘 듯했다.

장애인. 이 단어는 나를 낯설게 만들었다. 나는 이미 재활을 마쳤고, 일상도 가능했고, 많은 사람들 앞에 다시 설 수 있을 만큼 살아나 있었지만, 국가의 기준은 나를 여전히 '완전히 회복하지 못한 사람'으로 분류하고 있었다. '완전하지 않은 척추의 기능'이라는 명목 아래, 나는 공식적으로 '장애인'이라는 이름표를 달고 살아가게 되었다. 장애인 등록증을 손에 받아 들었을 때, 마음 한구석이 저렸다. '나는 이제 남들과는 다르구나.' 누군가에게는 혜택이고, 사회적 보호 장치일 수 있지만, 나에게 그 '한 장의 종이'는 내가 잃어버린 것에 대한 확인 도장 같았다.

 내가 아무리 의지를 불태우고 일어나 걸어도, 이 사회는 여전히 나를 완전하지 못한 사람으로 바라보는 현실이 너무도 씁쓸한 절망으로 밀려왔다. 한동안 나는 그 등록증을 지갑 깊숙한 곳에 넣어두고 꺼내 보지 않았다. 그것을 들여다보는 순간, 마음속 깊은 곳에서 들려오는 자책과 허탈감이 나를 마구 흔들어댔기 때문이다. "그래도 내가 살아있잖아, 다시 걸을 수 있잖아."라며 스스로 위로하면서도, 장애인이라는 단어 하나에 갇히는 듯한 무게감은 쉽게 떨쳐낼 수가 없었다. 하지만 시간이 흐르면서 나는 조금씩 생각을 바꾸기 시작했다.

 이제 나는 그 장애인 등록증을 낙인이 아니라, 이겨낸 삶의 증거로 삼기로 한 것이었다. 나는 쓰러졌지만 일어났고, 고통 속에서 견뎌냈으며, 다시 걷고 있다! 그걸 증명하는 내 삶의 기록일 뿐이라고. 그리고 문득 깨달았다. 장애라는 이름은 결코 나의 가능성을 줄이는 것이 아니라는 것, 그리고 오히려 그 이름 덕분에 나는 더 낮은 곳을 바라보고 더 많은 사람의 눈물을 이해하게 되었으며, 더 따뜻하게 손을 내밀 수 있는 용기를 갖게 되었다는 것이다.

 그 후로 나는 장애인 등록증을 지니고 있다는 것이 전혀 부끄럽지 않았다. 그것은 내가 고통 속에서도 사명을 잃어버리지 않고 살아왔다는 훈장이었고, 지금도 그 사명을 안고 파란천사의 길을 걷고 있다는 증표였다.

내가 아픈 만큼, 가족도 아팠다

고통은 그저 나 혼자만의 몫이라 믿었다. 날이 가면서 느껴지는 몸의 통증은 내가 짊어질 고통이고, 감당해야 할 현실이라 여겼다. 하지만 시간이 지나면서 깨닫게 된 진실이 또 하나 있다. 진짜 아픈 건 나보다 가족이었다는 것을.

내가 아프면 아내는 잠을 이루지 못했고, 내가 신음을 내면 아이들의 표정은 어두워졌다. 내가 괜찮다고 말할수록, 가족들은 속으로 더 울고 있었다. 특히 아내는 나의 통증을 가장 가까이에서 지켜봐야 했다. 아내는 하루에도 몇 번씩 목을 부여 감싸안고 고통을 참는 내 모습을 속수무책으로 바라볼 수밖에 없었다. 말없이 다가와 등 뒤에 손을 얹고 조용히 주물러주는 그 손길은, 그 어떤 의사의 처방보다 더 깊은 위로였다. 그 손길에는 말하지 못한 수많은 걱정과 눈물이 담겨 있었다.

밤늦게까지 이어지는 내 통증에 잠을 설치면서도, 아내는 늘 아침이면 말없이 일어나 아침상을 차렸다. "괜찮아?"라는 한마디에 담긴 그녀의 마음은 깊고도 넓었다. 아이들도 아빠의 달라진 모습을 감지했다. 늘 활기차고 강해 보이던 아빠가 어느 날부터 소파에 깊이 몸을 묻고, 간혹 눈을 감은 채 한숨만 내쉬는 모습을 볼 때마다 아이들은 자주 말을 아꼈다. 집안의 분위기는 무거워졌고, 식탁 위의 대화도 줄어들었다. 학교에서 돌아온 아이들은 나를 피하지는 않았지만, 조심스러운 발걸음으로 내 옆을 스쳐 지나가곤 했다. 그 작은 눈빛 속에도 걱정이 한가득 담겨 있었다. 그 모습이 나를 더 아프게 했다. 내 통증보다 가족들의 슬픈 표정이 나를 더 무너뜨렸다.

어느 날, 초등학생이던 막내가 내 옆에 조심스레 다가와 통증으로 아파하는 아빠를 위로하는 마음으로 어깨를 주물러 주며 작은 목소리로 말했다. "아빠… 아프지 마. 아프면 안 돼…"

아들의 그 말에 나는 한순간 말문이 막혔다. 아이의 눈망울이 촉촉해져 있었다. 그 작은 입술에서 나온 단순한 말이, 그 어떤 약보다도 강하게 내 가슴을 찔렀다. 그날 나는 잠들기 전까지 마음속으로 수없이 되뇌었다. '나는 절대 쓰러질 수 없다. 가족을 위해서라도 다시 일어서야 한다…'

내가 짊어진 병은 단지 물리적인 질병이 아니었다. 가족에게는 '불안'이라는 또 다른 병을 전염시키고 있었다. 그래서 더더욱 나는 '괜찮은 척'을 해야 했다. 괜찮지 않아도 웃어야 했다. 내가 무너지면 가족도 함께 무너지니까… 그러나 그 괜찮아 하는 척도 그리 오래가지 않았다. 어느 날 새벽, 나는 갑작스러운 목 경련과 함께 호흡 곤란이 와서는 숨을 헐떡거리며 침대에서 몸을 일으켰다. 아내가 깜짝 놀라 잠에서 깨었고, 아이들도 안방 문을 열고 뛰쳐나왔다. 내가 괜찮다며 손사래를 치는 동안, 아내는 벌써 휴대폰을 들고 응급실 연락처를 검색하고 있었다. 나는 그 모습을 보며, 더 이상 '가족에게 내 고통을 짊어지게 할 수는 없다'는 절실함이 온몸으로 타고 흐르는 것을 느꼈다. 그날 이후, 나는 치료에 더욱 진지하게 매진하기로 결심했다. 그리고 나와 같은 고통을 겪는 누군가의 가족도 이렇게 아파하고 있으리라는 것을 알게 되었다.

질병은 환자만을 병들게 하지 않는다. 그 곁을 지키는 사람의 마음까지도 병들게 한다. 그래서 나의 회복은 단순한 나 혼자만의 치유가 아니었다. 그것은 가족의 안녕을 위한 싸움이었고, 나를 사랑하는 모든 이들의 희망을 지켜내는 일이었다. 그날 밤, 나는 절절한 마음으로 기도했다.

"하나님, 제 통증이 아무리 깊어도 이 가족의 평안만큼은 지켜주십시오. 제가 다시 회복된다면, 이 은혜를 어려운 사람들에게 나누겠습니다. 제가 받은 이 사랑을 세상에 갚겠습니다."

고통은 가족을 하나로 엮어주는 눈물의 실이었다. 어느 날 나는 조용히 그 실로 나의 사명을 다시 짜기 시작했다. 나는 다시 일어서야만 했다. 가족의 마음을 더 이상 아프게 하지 않기 위해서.

웃고 있지만, 나는 아픕니다

나는 두 다리로 다시 걸을 수 있게 되었고, 손으로 문고리를 잡고, 수저로 밥을 뜨는 일상적인 움직임이 가능하게 되었다. 기적이라 불릴 만큼 빠른 회복이었다. 하지만 척추장애인이라는 사실을 그 누구도 알지 못했다. 겉으로는 웃고 있는 내가, 속으로는 얼마나 큰 고통을 감추고 있는지를 말이다.

나는 분명히 일어섰다. 하지만 고통은 내 안에 더 깊숙이, 더 은밀히 자리 잡고 있었다. 사고 이후 내 몸속에는 티타늄 금속이 박혔고, 척추를 잇는 차가운 볼트가 나의 움직임을 지탱하고 있었다. 수술은 내게 생명을 다시 안겨주었지만 동시에 평생을 고통과 함께 살아야 한다는 무언의 압박감을 남겼다. 그 누구도 그 금속이 내게 어떤 통증을 안겨줄지, 시간이 지나면 얼마나 잔인하게 나를 짓눌러 올지를 설명해 주진 않았다.

통증은 일정하지 않았다. 어떤 날은 허리 아래에서 조용히 욱신거렸고, 어떤 날은 갑자기 칼로 베는 듯한 통증이 어깨를 타고 목까지 올라왔다. 그래도 낮에는 참고 견딜 수 있었다. 사람을 만나고, 일에 몰두하면 잠시 통증도 잊혔다. 하지만 밤이 되어 모든 게 정적 속으로 가라앉을 때면, 어김없이 고통은 배가 되어 나를 덮치곤 했다.

40대 젊을 때는 약간의 통증 정도는 대수롭지 않게 지날 수 있었다. 그러나 세월이 지나면서 50대 후반이 되고 60대가 되면서부터는 베개에 머리를 얹는 순간, 목뼈를 타고 올라오는 찌릿한 통증에 온몸이 뒤틀렸고, 잠을 이루지 못해 뜬눈으로 밤을 지새우는 날이 늘어나고 있었다.

나는 대한민국의 기능성 베개라는 제품은 거의 다 사서 사용해 보았다. 경추 교정 베개, 물 베개, 라텍스 베개, 저주파 전류가 흐른다는 특수 베개까지. 일말의 기대를 품고 누워보지만, 여지없이 기대가 무너지는 일을 수도 없이 반복했다. 어떤 제품은 처음 이틀간은 괜찮은 듯하다가 다시 악화하였고, 어떤 제품은 오히려 더 큰 통증을 일으켰다. 결국 나는 베개를 편안히 베지 못해서 자주 베개를 한켠으로 밀쳐놓고는 맨바닥에 누워 새우처럼 몸을 웅크린 채 잠을 청해야만 했다.

통증은 몸만 아프게 하는 게 아니었다. 마음까지도 산산이 무너뜨렸다. 그러자 나도 모르게 짜증이 늘었고, 감정의 기복이 심해졌으며, 사람들과의 관계에서도 예민해졌다. '괜찮으세요?'라는 걱정스러운 말에도 알 수 없는 분노가 치밀었다. '나는 하나도 괜찮지 않다.'라는 생각이 머리에서 떠나지를 않았다. 집중해서 일을 해보지만, 불쑥불쑥 찾아오는 극심한 통증은 내 모든 계획을 무너뜨렸다.

그럼에도 나는 치료를 절대 포기하지 않았다. 침 잘 놓는다는 한의원은 전국 어디든 찾아다녔고, 도수치료, 물리치료,

정골 요법까지 해보지 않은 것이 거의 없었다. 심지어 해외에서 수입되는 줄기세포를 먹으며 치료도 받아보았다. 그때마다 나는 스스로에게 말했다. "이번엔 괜찮아질 거야."

그러나 통증은 언제나 다시 찾아왔다. 이전보다 더 깊고, 더 날카롭게. 사무실에서도 마찬가지였다. 고개를 숙이고 서류를 보거나, 잠시라도 오래 앉아 있으면 어깨부터 목까지 신경이 당기기 시작했다. 몸이 보내는 신호는 분명했다. '이제는 더 이상 참으면 안 된다.'라고. 그래도 나는 참았다. 내가 참아내지 못한다면 지금 하고 있는 이 모든 일, 재단의 운영도, 파란천사 운동도 포기해야 했기 때문이다.

주변 사람들은 이런 나의 고통을 모른 척하지 않았다. 재단에서 함께 근무하던 직원 김미진 팀장은 내가 통증으로 어깨를 움켜쥐면 말없이 다가와 어깨를 주물러 주었고, 한지희 이사님은 항상 걱정 어린 눈빛으로 내 상태를 살폈다. 그들의 배려와 진심이 없었다면, 나는 어느 순간 그냥 쓰러졌을지도 모른다.

나는 그때 처음으로 알게 되었다. 진짜 고통이란, 몸을 움직일 수 없을 때가 아니라, 매 순간 엄습해 오는 통증과 싸워야 한다는 사실임을. 고통을 이기기 위해 웃고, 걸으며, 사람들 앞에 서는 것, 그것이야말로 진짜 용기라는 것을. 그리고 나는 또 깨달았다. 나의 고통은 아직 끝나지 않았고, 이 고통 위에 다시 한번, 삶의 의미를 쌓아 올려야 한다는 것을.

밤이 두려웠다
- 목 신경까지 올라온 통증

그때 나는 '잠든다는 것'이 얼마나 감사한 일인지,
아무 생각 없이 누워 있을 수 있다는 것조차
얼마나 귀한 축복인지 절절하게 깨달았다.

가장 깊은 밤, 가장 치열한 싸움

내 삶에서 가장 고통스러운 시간이 언제였냐고 묻는다면, 나는 주저 없이 대답할 수 있다. 밤이라고. 모든 사람이 하루를 마무리하고 평안한 휴식을 취하는 밤, 그 시간이 나에게는 가장 치열한 싸움이 시작되는 시간이었기 때문이다. 낮에는 활동하는 가운데 고통은 잠시 잊을 수 있다. 일로써 몸을 움직이고 사람들과 만나는 가운데 정신이 분산되면, 어깨와 목을 짓누르는 통증도 잠시 잊혔다. 그러나 밤이 되면 어김없이 통증이 찾아왔다. 불 꺼진 조용한 방, 이불 속에서 들려오는 소리, 그건 오직 내 신음뿐이었다. 그리고 무겁게 드리워진 그 침묵 속에서 고통은 점점 깊어졌다.

처음에는 단순한 어깨 결림으로 시작되었다. 앉아서 컴퓨터 앞에 오래 있는 시간이 많아졌고, 피로가 쌓였나보다 하고 대수롭지 않게 넘겼다. 하지만 그것은 단순한 결림이 아니었다. 점점 통증은 강도가 높아지며 어깨에서 목까지 올라왔다. 마치 어깨 위에 무거운 돌을 얹어놓은 것처럼, 조금만 움직여도 저릿저릿하고 시큰거렸다.

그러다 어느 날부터인가, 목이 뻣뻣하게 굳어버리는 것을 느꼈다. 고개를 옆으로 돌릴 때마다 날카로운 전기 충격 같은 통증이 목을 타고 머리까지 퍼졌고, 점점 자주, 더 깊게, 더 무섭게 찾아왔다. 가장 참을 수 없었던 건 잠들기 전의 순간이었다. 몸을 누이면 어깨와 목의 고통이 배로 증폭되었다. 베개에 머리를 대는 것조차 겁이 났고, 편하게 눕는 자세 하나를 찾기 위해 이불 위에서 수없이 뒤척여야 했다. 오른쪽으로 돌아누우면 왼쪽 어깨가 찌릿했고, 왼쪽으로 누우면 목이 당기며 숨이 막혔다. 정면으로 누우면 목과 어깨가 동시에 무너져 내리는 듯한 감각에 눈을 감을 수조차 없었다. 결국 자는 척하며 앉은 채로 밤을 지새웠다. 침대는 더 이상 깊은 잠을 통한 재충전의 공간이 아닌, 고통의 무대가 되었다.

어떤 날은 통증이 너무 심해 숨조차 쉴 수 없을 만큼 힘겨웠다. 심장이 두근거리고, 식은땀이 나고, 온몸이 경직되어 몸을 움직이기도 힘들었다. 내 몸은 점점 낯설어졌고, 내가 내 몸을 지배하지 못하는 무력감은 내 정신까지 갉아먹기 시작했다. '왜 이렇게 아픈 거지?' '도대체 뭐가 잘못된 걸까?' 수많은 자책과 질문이 밤마다 나를 찾아왔다. 하지만 그 물음에 대답해 줄 사람은 아무도 없었다. 병원에 가서도 원인을 알 수 없는 통증이라는 말만 되풀이해서 들을 뿐, 치료 방법은 "스트레스를 줄이세요", "자세를 바르게 하세요", "기능성 베개를 사용해 보세요."라는 원론적인 말뿐이었다. 그럼에도 불구하고 나는 참고 또 참았다. "시간이 지나면 낫겠지.", "나는 강하니까 이겨낼 수 있어."라며 스스로 다독였다. 하지만 그럴수록 고통은 더욱 더 나를 조여왔다. 특히 한밤중, 모두가 잠든 시간에 찾아오는 그 고요한 고통은 내 의지를 시험하는 무서운 적이 되었다. 홀로 깨어 있는 그 시간, 나는 내 통증과 독대해야 했고, 그것은 고요하지만 가장 처절한 전쟁이었다.

내가 침묵해야 했던 이유는 단 하나, 가족들이 내 고통을 알게 하고 싶지 않았기 때문이다. 내가 아프면, 아내가 힘들어 할 것이 분명했기에 나는 애써 고통을 숨기며 살아갔다. 그렇게 밤마다 나를 잠 못 들게 하던 통증은 단순한 육체의 아픔이 아니라 내 삶을 통째로 뒤흔드는 고통의 그림자였다. 이 통증이 나의 삶을 어떻게 바꿔놓았는지는 앞으로 이어질 이야기들 속에서 더욱 분명히 드러날 것이다. 그 시작은 바로 이 어깨 위의 고통이었다. 지금 생각해 보면 그 고통은 단순한 '증상'이 아니라, 내게 다가오는 인생의 새로운 전환점이었고 나를 변화시키기 위한 운명의 전조였다.

잠 못 이루던 밤, 다시 빛이 되다

잠을 자는 시간은 누구에게나 주어진 가장 기본적인 쉼과 치유의 시간이다. 낮 동안의 피로를 씻어내고, 하루를 살아갈 에너지를 다시 충전하는 축복의 시간이다. 하지만 내게는 그 축복이 저주로 변해버린 밤의 나날들을 이어가야만 했다.

눈꺼풀은 무거워지고 몸은 쉬고 싶은데, 누울 수가 없었다. 바로 '통증'이라는 끝없는 벽이 가로막고 있었기 때문이다. 침대에 몸을 눕히는 순간, 어깨에서부터 목을 타고 올라오는 싸늘한 고통이 마치 비수처럼 내 몸을 찔렀다. 가장 평화로워야 할 밤이, 가장 치열한 생존의 시간이 되어버린 것이다. 온갖 기능이 들어간 수십 종의 베개가 집 안을 채웠지만, 결과는 같았다. 어떤 베개도 내 통증을 덜어주지 못했다. 침대에서 이리저리 뒤척이는 소리에 옆에 누운 아내가 깨지 않도록 숨을 죽이고, 새벽녘까지 혼자서 아픔을 삼켜야 했다. 나만의 고요한 전쟁, 그게 매일 밤 반복되었다. 가장 두려웠던 건 통증의 예측불허함이었다. 어떤 날은 고개만 살짝 돌려도 전류가 흐르듯 목덜미를 타고 찌릿한 고통이 번졌고, 어떤 날은 어깨뼈 아래로 뻗은 신경 줄이 수축하여 숨을 쉬는 것조차 힘겨웠다. 새벽 두 시, 세 시를 넘기며 그저 앉은 채로 밤을 지새우는 날이 많아졌다. 피곤한 몸을 억지로 버티며 의자에 등을 기대고 고개를 떨군 채 잠이 들고, 새벽녘 뻣뻣한 목과 무거운 어깨를 부여잡고 겨우 몸을 일으켜야 했다.

그때 나는 '잠든다는 것'이 얼마나 감사한 일인지, 아무 생각 없이 누워 있을 수 있다는 것조차 얼마나 귀한 축복인지 절절하게 깨달았다. 사람들은 "꿀잠 잤다."라고 말하지만, 나는 잠을 자는 것 자체가 꿈처럼 느껴질 만큼 편안히 잠드는 시간이 그리웠다. 통증이 밤을 지배하고, 밤이 나의 정신을 갉아먹으면서, 나는 점점 더 예민해지고, 삶의 기쁨을 잃어갔다. 낮에는 웃으며 사람들을 만나고 재단 일도 소홀히 하지 않으려 애썼지만, 그건 겉모습뿐이었다. 내 육체와 정신은 이미 망가질 대로 망가져 있었다.

누군가 내 속마음을 들여다봤다면 이렇게 말했을 것이다. "이사장님, 당신은 지금 무너지고 있어요!"

하지만 무너질 수 없었다. 나에겐 지켜야 할 약속이 있었고, 함께 걸어야 할 이들이 있었다. 나는 기도했다. "하나님, 오늘 밤도 저를 지켜주십시오. 내일 아침에도 제가 누군가의 손을 잡을 수 있도록 인도해 주십시오." 그 기도는 때론 절규였고, 때론 침묵이었고, 때론 눈물로 드린 고백이었다.

그렇게 나의 밤은, 고통과 믿음 사이를 오가며 긴 시간 속에 머물렀다. 지금 돌이켜보면 그 잠 못 이루던 밤들은 나를 더 속 깊은 존재로 다듬어지는 시간이었음을 부인할 수 없다. 육체는 고통스러웠지만, 그 속에서 나는 인생의 본질과 삶의 가치를 더 선명하게 바라볼 수 있게 되었기 때문이다. 그리고 언젠가는 이 밤을 이겨냈다는 기록을 남기고, 절망 속에 있는 다른 누군가에게 '희망의 밤'을 선물할 수 있으리라는 확신이 마음속 깊은 곳에서 솟아나기 시작했다.

베개 위의 눈물

나는 수많은 밤을 앉은 채로 보냈다. 어깨에서 시작된 그 통증은 점점 위로 올라와 목을 조였고, 마치 쇠줄로 목덜미를 감고 잡아당기는 듯한 고통으로 수많은 밤을, 눈물을 흘리며 지새웠다. 재단 일을 마치고 녹초가 되어 집으로 돌아와서는 겨우 씻고, 잠을 청하려고 이불을 덮지만, 몸은 결코 쉬지 못했다. 잠을 청해보려고 반듯이 누우면 등과 어깨가 한꺼번에 조여왔다. 그리고 옆으로 누우면 귀까지 전달되는 통증에 얼굴을 찡그리며 다시 돌아눕기 일쑤였다. 그렇게 자세를 바꾸고 또 바꿔도 편한 자세를 취할 수가 없었다.

그 순간, 서글픔이 몰려왔다. 내가 누워 쉴 수도 없이 병든 몸을 부여잡고, 삶의 쉼표 하나 없이 달려온 지난날이 주마등처럼 스쳐 지나갔다. 내게 편안한 '잠'은 사치였다. 결국 나는 침대에서 내려와 거실 소파에 기대거나 바닥에 무릎을 꿇고 팔을 올려놓은 채 앉은 자세로 밤을 보냈다. 그 누구에게도 말하지 못하고 이해하지 못할 외로움과 고통이었다. 한 번은 새벽 세시가 넘어서도 잠들지 못한 채 거실 소파에 앉아 있었는데, 잠을 깬 아내가 안방 문을 열고 나왔다. 그녀는 아무 말 없이 내 어깨에 담요를 덮어주었다. 그러고는 작은 소리로 말했다. "여보, 아프지 마요. 나, 당신 옆에 있어요."

그 말 한마디에 왈칵 눈물이 쏟아졌다. 통증보다 더 나를 무겁게 짓누르는 것은 나를 걱정하며 아무 말 없이 곁을 지켜주는 가족들에게 미안해하지 않을 수 없는 나의 마음이었다. 내가 아프다는 이유 하나로 아내가 조심스러운 하루하루를 보내고 있다는 사실이, 고통 그 자체보다도 더 가슴을 아프게 했다. 밤마다 그랬다. 나는 아픔 속에서 가족의 사랑을 다시 깨달았고, 눈물 속에서 다시 살아갈 힘을 얻었다. 그리고 그러한 고통은 결국 내 사명의 불씨를 꺼뜨리지 않는 연료였다.

나는 몸으로 느끼면서 깨달았다. 이 통증은 누군가의 아픔을 더 깊이 이해하라는 하나님의 뜻이리라. 그래서 나는 이 밤을, 이 고통을, 이 눈물을 통해 다시 쓰임 받기 위해 다시 태어나는 것이고, 어떻게 하든지 살아내야만 한다고. 내가 흘린 눈물은 단지 고통 때문이 아니라고. 그것은 다시 일어서기 위한 기도였고, 희망의 씨앗이요 침묵의 절규였다.

나는 그 눈물 위에 다짐을 새겼다. '내가 회복된다면, 이 같은 고통을 겪는 모든 사람에게 나의 경험이 희망이 되게 하리라.'

고통의 밤, 다시 살아날 이유를 배우다

낮 동안의 나는, 누구보다 단단한 사람이었다. 어깨 통증이 목까지 번져와도 회의 자리에서 티 내지 않았고, 팔이 저릴 때도 늘 웃으며 이야기했다. 전국의 파란천사 조직을 돌보며 하루에도 몇 번씩 전화를 받고, 일정을 조율하고, 문서를 검토하고, 손님을 맞으며 애써 밝은 모습을 유지했다. 때로는 목이 굳어 얼굴과 어깨가 함께 돌아가는 어색한 움직임 속에서도, "괜찮습니다."라는 말을 입에 달고 살았다. 내가 아프다고 해서 누군가의 열정에 찬물을 끼얹고 싶지 않았기 때문이다. 하지만 밤이 되면 모든 것이 달라졌다.

사람들의 시선이 사라진 그 어둠 속에서, 나는 몸서리치는 통증과 마주해야 했다. 하루의 피로가 목덜미를 누르면 어깨가 불덩이처럼 달아올랐고, 등은 쇳덩이처럼 굳어져 침대에 눕는 일조차 고역이 되었다. 누우면 통증은 더 깊어졌고, 앉으면 신경은 더 날카로워졌다. 나는 결국 눕지 못하고, 의자에 몸을 웅크린 채 밤을 보내곤 했다. 그러면서 창밖을 바라보며 중얼거렸다. "이 또한 지나가리라."

그 말은 통증을 견디는 나만의 주문이었고, 혼자라는 외로움을 이겨내는 방어막이었다. 하지만 마음속에서는 이런 질문이 끝없이 맴돌았다. "왜 하필 이 목일까, 왜 이 밤일까…" 가족이 곁에 있어도, 그들에게 아프다고 말하는 것이 짐이 될까 두려워 나는 그 모든 말들을 삼키며 침묵했다.

어느 날, 나를 지켜보던 직원 한 명이 조심스럽게 말했다. "이사장님, 요즘 야근하시는 날이면 계속 같은 자세로 앉아 계셔서 걱정돼요."

그 말에 마음이 왈칵 무너졌다. 나는 강한 척하고 있었지만, 그들도 알고 있었던 것이다. 내 고통이 혼자만의 싸움이 아니라는 걸. 그날 이후, 나는 '괜찮은 척'을 하지 않기로 결심했다. 고통을 억누르지 않고, 인정하기로 했다. 그리고 그 순간부터 나의 밤은 단순한 고통의 시간이 아니라 삶을 다듬는 연단의 시간이 되었고, 사명을 새기는 기도의 시간이 되었다. 낮에는 세상과 싸우고, 밤에는 통증과 싸우는 이 이중의 삶 속에서 나는 묻기 시작했다. "도대체 이 고통은 왜 오는 걸까?" 수년간 나는 목과 어깨를 조여오는 고통을 안고 살아왔다. 그 통증은 어느새 당연한 듯 내 일상이 되었지만, 나는 그것의 정체를 알고 싶었다. 정형외과, 신경외과, 재활의학과를 전전하며 MRI를 찍고 초음파 검진을 받았다. 돌아오는 말은 언제나 같았다. "수술 후유증일 수 있습니다." "명확한 원인은 찾기 어렵습니다." 척추에 삽입된 철심과 볼트가 신경과 근육을 비정상적으로 압박해 통증을 유발한다는 애매모호한 설명만 반복되었다.

하루 중 가장 두려운 시간은 여전히 밤이었다. 쥐가 나고, 다리에 감전처럼 내려앉는 고통이 몰려와 나는 무릎을 굽히지도, 펴지도 못한 채 한밤중에 사투를 벌여야 했다. 아무도 도와줄 수 없는 그 시간, 나는 어둠 속에서 홀로 버텨야 했다. 그러나 그 절망의 밤 가운데, 나는 또 하나의 질문과 마주하게 되었다. '지금까지 나는 왜 이렇게 살아왔는가?'

그러고는 그 질문 끝에서 나는 깨달았다. 수년간 축적된 긴장과 스트레스, 억눌린 감정과 책임감이 내 몸이라는 그릇 속에 쌓이고 쌓여 '통증'이라는 언어로 나에게 말을 걸고 있었던 것이었다. 통증은 나를 멈춰 세웠고, 삶을 되돌아보게 했고, 그리고 다시 선택하게 했다. '이 고통을 안고 어떻게 살아갈 것인가?' 나는 고통을 지우는 길 대신, 고통의 의미를 묻는 길을 택했다. 그 순간, 고통은 더 이상 나를 짓누르는 짐이 아니라 다른 사람의 아픔을 이해하고, 함께 걷기 위한 다리가 되어주었다.

이제는 말할 수 있다. 통증은 내가 살아 있다는 가장 강력한 언어였다고. 그리고 그 언어를 비로소 이해할 수 있게 되었을 때, 나는 고통 속에서도 다시 살아갈 힘을 되찾았다. 그날 이후, 매일의 밤은 단순한 육체의 고통이 아니라 삶과 사명을 다시 품는 시간이었다. 고통 속에서도 다짐했다. "이 또한, 누군가를 살리기 위해 내가 먼저 겪어야 할 길이었을지 모른다."

그리고 다시 새벽을 향해, 담대히 나아갔다.

눈앞이 무너졌다
— 황반변성과 실명 위기

실명의 위기는
단순히 '앞이 안 보인다'라는 의미가 아니었다.
나의 사명, 나의 일상, 나의 존재감
모두가 송두리째 사라지는 두려움이었다.

빛이 사라질까 두려운 날

2023년 1월 6일. 새해 첫 주의 금요일 아침이었다. 창밖에서 하얀 햇살이 스며들고 있었지만, 나의 눈앞은 마치 먹구름이 낀 듯 뿌연 안개로 덮여 있었다. 평소처럼 눈을 떴지만 무언가가 이상했다. 앞이 뚜렷하게 보이지를 않았다. 처음엔 단순한 피로 탓이라고 여겼다. 전날 밤늦게까지 업무를 보고, 무거운 몸을 이끌고 겨우 잠이 들었던 터라, 눈에 이물감이 있거나 눈곱이 낀 것이리라 생각했다.

나는 익숙한 동선에 따라 욕실로 향했다. 세면대에서 찬물을 손에 받아 눈을 비볐다. 얼굴에 물을 끼얹으며 "조금만 지나면 괜찮아지겠지."라고 스스로 다독였다. 그러나 거울을 보려고 고개를 든 순간, 나는 심장이 철렁 내려앉았다. 거울 속의 내 모습이 또렷하게 보이지 않았다. 아니, 단순히 흐리게 보이는 수준이 아니었다. 윤곽이 일그러지고, 얼굴이 기묘하게 뒤틀려 있었다. 마치 유리잔 뒤로 왜곡된 이미지를 보는 듯, 중심이 뿌연 채로 흔들리고 있었다.

두 눈을 번갈아 감으며 확인해 보니 문제가 된 쪽은 왼쪽 눈이었다. 오른쪽은 비교적 괜찮았다. 그러나 두 눈을 동시에 떴을 때는 초점이 맞지 않았고, 세상이 어지럽게 휘청이는 느낌이 들었다. 나는 순간적으로 '이건 단순한 눈의 피로나 결막염 같은 일시적인 증상이 아닐지도 모른다'라는 생각이 스쳤다. 하지만 그 생각을 곧 밀어냈다. 늘 바쁘게 살아온 삶이었다. 이 정도쯤은 쉬면 낫겠지. 하루 푹 자고 나면, 내일이면 괜찮아지겠지. 그렇게 스스로 달래며, 침대에 다시 몸을 눕혔다. 그날 하루는 아무것도 하지 않았다. 미뤄둔 일정도, 급한 연락도, 모두 접어두고 쉬기로 했다. 하지만 마음속 불안은 쉼을 허락하지 않았다. 이따금 손가락으로 눈 앞을 가려보며 반복적으로 상태를 확인해 보았다. 이건 뭔가 큰 신호일지도 모른다는 불길함이 뇌리를 스쳤다.

다음 날 아침, 나는 다시 욕실로 갔다. 세면대 앞에서 고개를 들고 거울을 본 순간, 무언가가 확실히 달라진 것이 느껴졌다. 어제보다 왼쪽 눈의 시야가 더 축소되어 있었고, 중심부는 거의 흐려져 있었다. 선명해야 할 실루엣은 사라졌고, 얼굴 중간이 뭉개진 것처럼 보였다. 마치 카메라의 초점이 빗나간 사진처럼, 현실의 윤곽이 사라져 버렸다. 공포스러웠다. 말로 설명할 수 없는 두려움이 가슴을 조여왔다.

'혹시 실명으로 가는 건 아닐까?' 이 생각이 마음에 들어서기 시작하자, 걷잡을 수 없는 두려움이 밀려왔다. 나는 이리저리 병원을 알아보았다. 서울 영등포에 있는 유명한 김안과병원으로 갔다. 하지만 토요일 오후였고, 진료는 이미 끝난 시간이었기에 예약만 하고 돌아서야 했다. 돌아오는 길, 발걸음은 너무나 무거웠고, 머릿속은 온갖 생각으로 가득했다.

그날 이후 이틀 동안 나는 두문불출한 채 교회도 나가지 못했다. 집 안에서 가만히 앉았다가 누웠다가 다시 앉기를 반복하며 거울 앞에서 눈을 들여다보고 또 들여다보았다. 그러다가 문득 이런 생각이 들었다. '만약 내가 진짜 실명하게 된다면… 어떻게 살아가야 하지?' 나는 실험 삼아 두 눈을 감고 걸어보았다. 분명히 몇 걸음이면 도착할 화장실 문이 어딘지 찾을 수 없었다. 벽을 더듬고 손을 뻗어도, 손끝은 허공만 맴돌았다. 익숙한 문손잡이를 잡는 일조차 쉽지 않았고 몸은 이내 방향을 잃었다. 그 짧은 시간 동안 느낀 두려움은 이루 말할 수 없었다. 마치 나라는 존재 자체가 완전히 기능을 상실한 느낌. 세상의 중심이 사라지고, 모든 것이 낯설게 다가왔다.

실명의 위기는 단순히 '앞이 안 보인다'라는 의미가 아니었다. 그것은 나의 사명, 나의 일상, 나의 존재감 모두가 송두리째 사라지는 두려움이었다. 수많은 사람들과 만나고 그들을 이끌던 내가, 파란천사라는 꿈을 위해 전국을 다니며 설명회를 열던 내가, 앞을 보지 못할 수도 있다는 사실은 참혹한 절망으로 다가왔다.

나는 기도했다. 처음에는 두려움에서였지만, 나중에는 순전한 간절함에서였다.

"하나님, 제게는 아직 해야 할 일이 있습니다. 이 눈으로, 아직 만나야 할 사람들이 있습니다. 단 한 사람의 삶이라도 더 밝게 해주고 싶습니다. 그러니 이 빛을, 아직 거두지 말아 주십시오."

이 기도는 단순한 종교적 외침이 아니라, 내가 살아야 할 이유를 되묻는 절실한 외침이었다.

두려움이 눈으로 들어오던 순간

월요일 아침, 나는 첫 진료 예약을 잡았던 김안과병원으로 갔다. 마음은 너무나 무거웠고 두려웠다. 입구에서 혈압을 측정하고 대기실에 앉아 있는 동안, 나는 눈앞의 흐릿한 풍경을 억지로 또렷하게 만들려 애쓰고 있었다. 그 짧은 몇 분이 몇 시간처럼 느껴졌다. 곧이어 불린 내 이름. 나는 천천히 진료실로 들어갔다. 간호사의 안내로 시력검사, 안압검사, 안저검사, OCT

촬영까지 정밀 검사가 이어졌다. 낯선 기계들의 강한 빛이 번쩍일 때마다, 나는 현실을 직시해야 했다.

검사가 끝나고 진료실에 앉아 담당 전문의를 마주했다. 의사의 표정은 신중하고 진지했다. 차트에 시선을 두던 그는 천천히 말을 꺼냈다. "송창익 선생님, 왼쪽 눈은 '황반변성' 습성으로 진단됩니다. 오른쪽 눈도 현재는 건성 상태지만, 습성으로 진행될 가능성이 있어 정기적인 관찰이 필요합니다."

황반변성. 진단 결과를 듣던 순간, 나는 숨이 막혔다. 들어본 적은 있지만, 내게 그것이 닥칠 줄은 상상조차 하지 못했다. "습성 황반변성은 망막 중심부의 황반에 이상 혈관이 자라나면서 시야 중심부가 왜곡되거나 시력이 급격히 떨어지는 질환입니다." 전문의는 상세한 설명을 이어갔다. "완치는 어렵습니다. 치료는 병의 진행 속도를 늦추는 데 중점을 둡니다. 가능한 치료는 안구 내 항체 주사를 정기적으로 투여하는 방법입니다." 내 귀에 들어온 말은 단 하나였다. "완치는 어렵습니다." 그 순간, '쾅'하고 망치로 얻어맞은 것 같았다. 그 짧은 문장이 나의 모든 것을 삼켜버리는 듯한 느낌이었다. 나는 당장 실명할지도 모른다는 불안, 그리고 이 병이 돌이킬 수 없는 길로 들어서게 할지도 모른다는 절망에 빠져들었다.

의사는 최대한 침착하게 설명을 이어갔다. "주사 치료는 안구 내에 직접 주사를 넣는 방식입니다. 마취를 하고 진행하므로 견딜 수 있습니다. 가장 중요한 건 조기 치료입니다. 시력이 더 떨어지기 전에 빠르게 치료를 시작해야 합니다." 나는 고개를 끄덕이며 담담하게 '예'라고 답했지만, 마음속 깊은 곳에서는 공포와 두려움이 올라오고 있었다. 눈 안에 주사를 맞는다는 것. 그 단어 하나만으로도 이미 공포였다. 내 눈동자를 향해 천천히 다가오는 얇고 뾰족한 금속 바늘―그것은 상상만으로도 눈을 질끈 감게 만들었다.

빛이 흐려질수록, 마음은 더 밝아졌다

병원 진료를 마치고 밖으로 나오는 길, 나는 무심코 하늘을 올려다보았다. 겨울 하늘은 유난히 청명했지만, 내 눈앞에 펼쳐진 세상은 더없이 흐릿하고 일그러져 있었다. 도심의 건물들은 윤곽이 뿌옇게 번졌고, 지나가는 사람들의 얼굴은 희미한 얼룩처럼 겹쳐 보였다. 이 흐릿한 풍경이 바로 나의 현실이고, 앞으로 살아갈 남은 인생의 배경이 될 수도 있다는 사실이 선명한 공포로 밀려왔다.

현실을 부정하고 싶었지만, 시야의 왜곡은 하루가 다르게 심해졌고, 시력은 더 나빠졌다. 병원 앞 도로변에 한참을 멈춰섰다. 머릿속은 복잡했다. '실명'이라는 말 한마디가 나를 한순간에 절망의 낭떠러지로 밀어 넣었다. 이미 척추에 티타늄 철심과 볼트를 삽입한 채 고통과 살아가는 몸이었다. 그저 허리를 펼 수 있다는 이유만으로, 하루하루를 감사하며 살아왔던 나였다. 그런데 이제, 남은 한 줄기 빛마저 잃게 될 수도 있다는 현실은 너무도 가혹했다. 이대로 눈마저 보이지 않게 된다면, 내가 평생을 걸어온 파란천사의 길은 어떻게 되는가. 수많은 사람의 삶을 바꾸겠다는 사명은 과연 어디로 흘러갈 것인가.

그 순간, 나를 지탱하던 유일한 힘이 떠올랐다. 내가 걸어온 길, 내가 손을 잡았던 사람들, 내가 일으켜 세운 많은 생명들. 그 모든 시간과 얼굴들이, 마치 삶의 필름처럼 스쳐 지나갔다. '나는 무너지면 안 된다. 내가 쓰러지면, 나를 보고 일어났던 사람들도 다시 무너질 수 있다.' 하지만 말처럼 쉽지는 않았다. 병원에서는 눈의 피로를 줄이고, 자극을 피하라고 했다. 모니터 앞에 계속 앉아 있기 어려웠고 문서도 오래 보지 못했다. 심지어 형광등 불빛조차 눈 시림을 유발했고, 이유 없이 눈물이 흘러내렸다.

나의 일상은 산산조각이 났고 정신까지 갉아먹고 있었다. 그러나 육체의 고통보다 더 견디기 어려운 것은, 마음의 무너짐이었다. 시력이 떨어지고, 주변이 흐려질수록 내 마음도 어두워졌다. '이제 모든 걸 내려놔야 하는 건 아닐까.' '파란천사는 여기까지가 끝일까.' 매일 내면에서 울리는 이런 질문들은 마치 암흑 속의 메아리처럼 되돌아오곤 했다. 아무리 용기를 내보려 해도, 그 소리는 방향도 없이 허공 속으로 흩어졌다.

누구에게도 털어놓을 수 없고, 아무도 대신해서 짊어질 수 없는 고독한 싸움. 황반변성은 단지 병이 아니었다. 그것은 나의 정신을 무너뜨리고, 존재마저 의심하게 만드는 칠흑같이 어두운 그림자였다. 하지만 나는 거기서 멈추지 않았다. 이유는 단 하나였다. '사명감.' 그것이 나를 붙잡았다. 지금 내가 겪는 이 절망이, 언젠가 누군가에게 희망이 될 수 있다면, 나는 이 고통마저 의미 있게 끌어안아야 한다고 생각했다. 누군가는 시력을 잃은 상태에서도 살아가고, 누군가는 암이나 희귀병으로 힘겹게 삶을 버텨가고 있다. 내가 눈앞의 절망을 견뎌내는 모습을 보여줄 수 있다면, 누군가에게 "당신도 견딜 수 있어요."라는 말 대신 실천으로 증명할 수 있다면, 그것만으로도 내 하루는 충분히 값질 수 있다고 생각했다.

그날 이후 나는 잘 보이지도 않는 눈으로 일기를 쓰기 시작했다. 처음엔 줄도 제대로 맞추지 못했고, 글씨는 엉망이었지만, 몇 문장이라도 써 내려가는 그 순간만큼은 내 존재를 다시 확인할 수 있었다. 그것은 단순한 기록이 아니라, 나를 일으켜 세우는 등불이었고, 다시 걷게 하는 힘이었다. 내가 왜 살아야 하는지, 누구를 위해 이 길을 가야 하는지를 되묻는 기도이자, 맹세였다. 그리고 나는 확신하게 되었다. 눈앞의 빛은 흐려질 수 있지만, 마음의 불씨는 꺼지지 않는다는 것을. 희망은 시력이 아니라, 사명을 향한 의지로 보는 것임을…

흐려진 시야, 더 또렷해진 사명

실명이라는 현실이 조금씩 다가오고 있다는 것을 온몸으로 느낀 그 무렵, 나는 모든 일상이 흔들리는 경험을 했다. 눈앞이 흐려진다는 건 단순히 사물이 안 보인다는 뜻이 아니었다. 그것은 삶의 방향을 잃는다는 의미였고, 하루를 살아갈 이유와 리듬이 무너지는 일이었다. 아침이면 습관처럼 받아들였던 환한 빛도, 익숙한 선명함도, 하나둘 잃어가고 있었다. 글자가 겹쳐지고 흐려지면 문장을 이해하기까지 몇 배의 시간이 필요했고, 컴퓨터를 켜는 일조차 망설여졌다.

화면을 오래 바라보면 눈물이 줄줄 흘러내렸다. 나의 의지와 상관없이 흐르는 눈물. 이 낯선 체험 앞에, 나는 당황했고 두려웠다. 나도 모르게 한숨이 늘었고, 말수가 줄었다. 회의 때면 예전처럼 중심을 잡지 못하고, 회의록도 제대로 읽지 못했다. 일일이 확대해 문서를 읽어야 했고, 그것마저 흐려져 보이는 날은 그냥 포기했다. 직원들은 그런 나를 안타까운 눈빛으로 바라보았지만, 나는 차마 그들에게 나의 절망을 모두 털어놓을 수 없었다. '이사장님도 이제 지치셨구나' 하고 느낄까 봐 두려웠고, 나약해 보이기 싫었다. 나는 여전히 강한 리더로, 위기를 돌파할 수 있는 인물로 비춰지고 싶었다. 하지만 내면은 무너지고 있었다.

매일 밤, 불 꺼진 방 안에서 눈을 감으면 말로 표현되지 않는 고통, 설명할 수 없는 상실감이 밀려왔다. 혼자 있는 시간이 늘어나면서 나는 스스로와의 대화를 시작했다. '과연 나는 얼마나 강한가?', '이 고통 속에서도 나아갈 수 있는가?', '실명을 받아들일 준비가 되었는가?' 수없이 자신에게 묻고 또 물었다. 그러다 "아직은 아니야!"라고 중얼거리며 눈물을 삼켰다. 그렇게 하루가 지나고, 또 하루가 지났다. 누군가에게는 아무 일 없는 평범한 날들이었겠지만, 나에게는 온몸과 마음을 짓누르는 고통의 시간이었다.

볼 수 있었던 세상을 조금씩 놓치는 이 변화는 잔인하게 서서히 진행되었고, 아무도 그 속도를 멈출 수 없었다. 가끔씩 아내가 내 곁에 와서 손을 잡아주면, 그 손끝의 따뜻함이 눈물샘을 자극했다.

"괜찮아요. 아직 오른쪽 눈은 괜찮잖아요. 치료받으면 나아질 거예요." 그녀는 언제나 담담하게 말했다. 하지만 나는 알 수 있었다. 그녀의 마음속에도 같은 두려움이 자리 잡고 있음을. 우리 부부는 말없이 서로의 눈치를 보며, 현실을 견디기 위해 애썼다. 나는 가장으로서의 자존심 때문에 아내 앞에서 절대 약해지지 않으려 했고, 그녀는 내게서 무너지지 않으려는 힘을 읽고 조용히 울음을 참았다. 그 침묵이 더 아팠다.

그러나 그 어둠의 터널 속에서도 나는 한 줄기 빛을 붙잡았다. 그것은 '희망'이라는 이름의 작은 촛불이었다. 실명은 피할 수 없을지도 모른다. 그러나 나에게는 아직 '마음의 눈'이 있지 않은가! 비록 육안으로 세상을 보지 못하더라도, 마음으로 세상의 아픔을 보고, 고통을 이해하고, 사랑을 전할 수 있다는 믿음을 놓지 않았다.

"그렇게 어두운 시간을 어떻게 견뎌내셨나요?"라고 누군가 묻는다면 나의 대답은 분명하다. "눈물로 삼킨 하루들이 있었기에, 나는 더욱 단단해졌습니다."

고통의 크기만큼 인간은 확장된다. 고통을 안고도 버틸 수 있다면, 그것은 분명 누군가의 등불이 될 수 있다. 나는 오늘도 그 어둠 속을 걸었다. 흐릿하고 뒤틀린 시야 속에서도, 희망의 불씨를 꺼뜨리지 않기 위해 마음을 굳게 다잡으며 마음속으로 되뇌었다.

"나는 아직 끝나지 않았다. 내가 살아 있는 한, 이 빛은 꺼지지 않는다."

눈물 속에서 다시 빛을 붙잡다

눈앞이 흐려지고 일그러진 세상을 바라보는 시간이 늘어날수록 가만히 눈을 감고 고요히 앉아 하나님께 묻는 시간도 늘어났다. "이 고통의 끝에는 무엇이 있습니까?"

고개를 들어 하늘을 봐도, 다시 내려다본 손등 위에도, 아무런 답은 없었다. 다만 하루하루 쌓여가는 불안, 쏟아지는 정보 속에 내가 설 자리는 자꾸만 좁아졌다.

첫 번째 안구 주사 치료를 받는 날, 병원으로 가는 길은 긴 침묵으로 이어졌다. 가족들에게는 괜찮다는 말을 수없이 반복했지만, 사실 그 순간만큼은 내 안의 평정심마저 사라지고 있었다. 병원 복도, 흰 가운을 입은 의료진, 그리고 차례를 기다리는 수많은 환자 속에서 나는 한없이 작아지고 있었다.

'과연 이 치료로 나는 나아질 수 있을까. 아니, 최소한 더디게 해줄 수는 있을까.' 마음속 질문은 끝이 없었다. 드디어 진료실로 들어갔고, 의사는 조심스럽게 내 눈을 들여다보았다. 마취약이 점안되고, 안구 고정 장치를 눈꺼풀 위에 얹는 순간부터 나는 마음의 문을 닫았다. 시선을 한 점에 고정하라고, 몸은 움직이지 말라고 말하는 간호사의 말은 멀리서 들리는 메아리 같았다. 눈동자를 향해 다가오는 바늘. 그것은 단순한 의료 행위가 아니었다. 내 삶의 중심을 깊숙이 뚫고 들어오는 두려움 그 자체였다.

바늘 끝이 각막을 뚫고 들어가는 그 순간, 나는 간절히 기도했다. '하나님, 지금 저를 붙들어 주십시오. 저의 눈을, 저의 삶을 지켜주십시오.' 약물이 눈 속으로 들어오며 느껴지는 묘한 압박감과 차가움. 짧다면 짧고, 길다면 길었던 그 몇 분은 내 인생의 새로운 전환점이었다. 주사 후의 시야는 더욱 흐릿했고,

눈물은 저절로 흘러나왔다. 육체적 통증보다 마음의 혼란이 더 컸다. 나는 그것을 영혼의 시련처럼 느꼈다. 눈물인지 약인지 모를 액체가 눈 아래를 타고 흘러내렸다. 의사는 "수고하셨습니다. 선생님, 치료 잘 받으셨습니다. 4주 후에 다시 오세요"라고 말했다. 나는 고개를 끄덕이면서도, 마음속에서는 또다시 무거운 안개가 피어오르고 있었다.

진료를 마치고 병원을 나오는 길, 세상은 여전히 분주했다. 오가는 차들과 사람들은 바쁘게 움직이고 있었다. 그러나 내게는 모든 것이 멈춘 것 같았다. 왼쪽 눈의 흐릿함, 오른쪽 눈의 불안함, 그리고 머릿속에서 계속되는 불안한 생각. '앞으로 나는 어떤 삶을 살아가야 하나.' 실명이라는 단어는 더 이상 먼 미래의 이야기가 아니었다. 그것은 지금, 이 순간, 내 걸음마다 동행하고 있는 그림자였다. 실명 위기는 단순한 신체의 변화가 아니었다. 그것은 내 삶의 중심을 송두리째 흔드는 격류였다. 하지만 나는 이 시련을 통해, 다시금 마음속 사명을 되새기게 되었다.

'내가 넘어지면 안 된다. 누군가는 나의 빛을 보고 길을 걸어야 한다.'

다시, 기적의 불씨
— 주파수 의료기를 만나다

내 몸은 37조 개의 세포들이 모여 이룬
신비로운 우주의 결정체였다.
주파수 치료는 세포 하나하나에 말을 걸 듯,
되살아나라고 속삭이고 있었다.

주파수 한 줄기에서 시작된 회복의 기적

눈앞의 시야가 흐려지자, 몸을 가누는 것이 힘들었다. 황반변성이라는 판정을 받은 후로 나는 매일 실명의 공포 속에 잠들었고, 통증은 여전히 목을 넘어 온몸으로 퍼지고 있었다. 나는 회복을 꿈꾸기보다는 그저 더 나빠지지 않기만을 바라는 심정으로 하루하루를 견디고 있었다. 치료를 위해 찾아다닌 병원, 좋다는 건강기능식품, 유명하다는 한의원과 줄기세포 치료까지—내가 할 수 있는 건 모두 해보았다. 하지만 아무것도 도움이 되지 못했다.

그러던 어느 날, 오랜 시간 곁에서 재단 일을 함께해 온 길혜섭 이사가 조심스럽게 내게 말했다. "이사장님, 혹시 주파수 의료기라는 걸 들어보셨어요? 제 지인 중에 황반변성을 앓다가 호전된 분이 계신데, 그분이 이 기계를 쓰셨대요." 처음엔 흘려

들었다. 워낙 많은 것을 시도했지만 소용이 없었던 기억이 머릿속을 지배하고 있었기 때문이다. 하지만 길혜섭 이사의 진심 어린 눈빛과 간절함이 나를 멈추게 했다. "이사장님, 지푸라기라도 잡는다는 심정으로 한번 체험해 보세요. 다른 건 몰라도, 저도 이건 뭔가 다르다는 느낌이 들었어요."

나는 그 말에 이끌리듯, 김포시 신도시에 위치한 미라클 주파수 의료기 체험 센터를 방문했다.

센터 내부는 단정했고, 환자들이 차분한 얼굴로 주파수 의료기 앞에 앉아서 맨발로 발판 위에 발바닥을 올려놓고 허리에는 복대를 차고 환부에는 패치를 붙이고 두 손에 동그란 봉을 잡고 있는 모습이 들어왔다. 그리고 체험자들에게 안내하고 있던 여성분이 나를 맞이하면서 차분히 체험 과정을 설명해 주었다.

"주파수는 우리 몸의 세포와 조직마다 고유한 진동수를 가지고 있습니다. 병들고 손상된 세포는 그 고유 주파수가 무너진 상태입니다. 저희 기기는 이 주파수를 조율해 세포가 원래의 건강한 진동을 회복하도록 돕습니다."

자세히 설명을 해주시던 분은 그 회사의 김미승 대표이사 회장이었다.

설명을 듣는 동안에도 나는 반신반의했다. 하지만 이제

는 무엇이든 해봐야 했다. 체험은 해독 주파수부터 시작되었다. 52분간 이어지는 세션 동안 내 몸은 전류가 흐르는 듯 미세한 자극을 받았다. 묘한 편안함이 몸 전체로 스며들었다. 해독 세션이 끝나자, 다음 단계로는 통증 부위에 맞춰 주파수를 조정해 직접적인 치료 자극을 전달하는 과정이 이어졌다. 처음에는 특별한 효과를 느끼지 못했다. 하지만 점차 몸의 긴장이 풀리고, 뭔가 정돈되는 듯한 느낌이 들기 시작했다. 무엇보다도 그날 밤, 나는 처음으로 깊은 잠을 잘 수 있었다. 그것만으로도 내게는 기적 같은 일이었다.

이튿날 아침, 나는 다시 그 체험 센터를 찾았다. 그리고 그 다음 날도, 그다음 주도. 그렇게 나는 주파수 의료기를 통한 회복의 여정이 시작되었다. 그 과정에서 '세포'가 얼마나 중요한지도 깨닫게 되었다. 내 몸은 작은 37조 개의 세포들이 모여 이룬 신비로운 우주의 결정체였다. 주파수 치료는 이 세포 하나하나에 말을 걸듯, 고유의 언어로 노크하며 되살아나라고 속삭이고 있었다. 마치 죽어가던 불씨가 다시 생명을 얻어 타오르듯, 내 몸의 어딘가에서 미세한 회복의 신호가 시작되고 있었다.

삶을 다시 세운 주파수의 기적

내가 소개받은 주파수 의료기는 인체를 형성하고 있는 37조 개의 세포에 맞는 영역대의 주파수가 포함된 의료기이다. 먼저 52분 동안 시행되는 해독 주파수를 통해 체내에 쌓인 독소를 배출하고, 그다음 단계에서 환부에 필요한 주파수를 집중적으로 제공하여 손상된 조직의 재생과 회복을 돕는 방식이었다. '코로나 19'로 몇 년 동안 사람이 모일 수 없던 상황에서도 회사의 체험실에는 아픈 사람들이 꾸준히 방문하고 있었고, 질병에서 회복되어 건강을 되찾은 분들이 있었으며 한방병원, 통증의학과, 피부과, 안과 등 다양한 진료에서 주파수 의료기가 사용되고 있음을 회사의 설명으로 알게 되었다.

실명 위기의 상황에서 지푸라기라도 잡아야 했던 나는 이 의료기에 내 마지막 희망을 걸기로 했다. 처음 몇 차례의 체험으로는 눈으로 느껴지는 반응에는 아무런 변화가 없었다. 그러나 몸을 통해 전달되는 주파수 자극은 편안하게 느껴졌다. 결국 나는 결정했다. 체험실을 찾아가서 여러 사람 속에서 하는 불편함과 체험실로 오고 가는 이동 시간이 아까워 집으로 의료기를 들여 치료를 이어가기로 한 것이다.

주파수 의료기를 집에 들이고부터 나의 일상은 조금씩 달라지기 시작했다. 나는 매일 그 기계 앞에 앉아 간절한 마음으로 내 몸의 회복을 기도하며 하루 두 시간씩 그 주파수의 리듬을 체험했다. 눈에 띄는 변화는 없었지만, 이상하게도 내 마음 깊은 곳에서는 믿음이 생기기 시작했다. '이 기계가 나를 살려줄지도 모른다.'라는 막연하지만, 희망 섞인 기대감. 그 믿음은 차츰 확신으로 바뀌어 갔다.

유튜브와 여러 매체를 통해 '주파수와 세포의 관계'에 대해 본격적으로 알아보기 시작하면서, 그동안 과학이라는 이름으로 외면되었던 파동 에너지의 세계가 실은 매우 과학적이며 인체와 밀접하다는 것을 알게 되었다. 각 세포는 고유의 진동수를 가지고 있고, 그 진동수가 깨졌을 때 질병이 생긴다는 이론은 어쩌면 단순한 대체의학이 아닌, 미래의학으로 다가오고 있는 현상이었다. 특히 세포는 에너지로 충전될 때 가장 활발하게 자가 복구를 진행하며, 그 에너지가 바로 '주파수'라는 말에 나는 전율을 느꼈다.

매일 눈에 집중되는 주파수를 맞으며 꾸준히 치료를 이어가는 동안, 흐려졌던 시야에 조금씩 빛이 스며들기 시작했다. 중심이 흰 듯한 시선이 서서히 정돈되며, 멀리 있는 글씨가 조금은 또렷하게 느껴졌고, 번져 보이던 빛의 윤곽이 흐름을 잡기 시작했다. 누군가가 눈동자 안에서 조용히 창문을 닦아주는 듯한 느낌. 기계가 내 눈을 치유하는 것이 아니라, 내 눈이 스스로 회복하려는 길을 찾고 있다는 신호였다. 비록 완전한 회복이라 말할 수는 없지만, 나는 오랜 어둠의 시간 속에서 확실한 희망의 등불을 보고 있었다.

그즈음, 나는 '치유'라는 단어를 새롭게 바라보게 되었다. 이전까지 치유는 약물이나 수술, 치료사의 손길을 통한 외부적

개입이라 여겼지만, 지금은 다르다.

　진짜 치유는 내 몸의 세포가 깨어나고, 내 정신이 그 회복을 믿는 순간부터 시작되는 것이었다. 주파수는 단지 그 깨어남을 자극하는 매개였고, 내가 지닌 모든 가능성의 문을 두드리는 열쇠였다. 나는 매일 그 기계를 통해 나 자신을 다시 만나고 있었다. 그리고 깨달았다. 고통도, 절망도, 끝이 아니었다. 그 모든 경험은 결국 내가 이 자리에 서기 위한 준비였음을. 이젠 내가 걸어온 회복의 여정을 더 많은 사람들과 나누고 싶었다. 주파수 의료기를 통해 내가 경험한 변화, 그것이 단지 기적이 아니라 누구나 겪을 수 있는 가능성이라는 것을 증명하고 싶었다.

확신의 순간 – 라이프 박사의 실험을 보다

　나는 주파수 치료를 시작한 후에도 한동안은 마음 한켠에 의심을 놓지 못했다. 수많은 건강법을 시도해 봤지만, 결과는 언제나 같았기에, 이번 역시 그저 일시적인 위안에 불과하지 않을까 하는 생각이 가시지 않았던 것이다. 하지만 내 몸은 조용히, 그러나 분명하게 변화하고 있었다.

　몇 년 동안 침침하고 무겁게만 느껴졌던 시야가 서서히 맑아지기 시작했다. 눈앞의 흐릿한 번짐과 피로감이 조금씩 나아졌고 마치 눈동자 안에 갇혀 있던 안개가 걷히는 듯한 기분이었다. 내 몸 어딘가에서 뭔가 '달라지고 있다'라는 것을 느낄 수 있었고, 감각이 점점 선명해졌으며, 나는 이 치료의 원리를 더 깊이 이해하고 싶은 충동이 솟구쳤다.

그러던 중 '라이프 박사(Royal Raymond Rife)'라는 인물의 이야기를 접하게 되었다. 미국의 과학자이자 발명가였던 그는 20세기 초반, 현미경으로 병원체의 주파수를 찾아내어 이를 정확히 공명시켜 파괴할 수 있는 치료법을 개발한 인물이었다. 그의 실험 중 가장 유명한 사례는 1934년, 미국 캘리포니아의 한 병원에서 말기 암 환자 6명을 대상으로 시행한 치료였다. 놀랍게도 6명의 환자가 호전되어 결국 전원이 완치 판정을 받았다고 한다. 당시에는 너무 앞선 과학이라 받아들여지지 못하고 의료계의 강한 반발로 묻혀버리고 말았지만, 그의 업적은 시간이 흘러 다시 조명받고 있었다. 그 영상은 나에게 단순한 정보 이상의 울림을 주었다. 나는 화면 앞에서 숨을 죽이며 눈을 떼지 못했다. 마치 누군가가 내 머릿속 의심의 목소리를 조용히 잠재우며 말해주는 듯했다. "봐라, 가능성은 언제나 존재했다. 단지 우리가 그것을 몰랐을 뿐이다."

라이프 박사가 믿었던 것은 바로 '세포의 공명'이었다. 우리 몸의 모든 세포는 고유의 주파수를 지니고 있으며, 균형이 깨질 때 질병이 시작된다는 원리였다. 그 주파수를 되찾아주는 것이 회복의 첫걸음이라는 것이다. 바로 내가 체험하고 있는 이 주파수 치료기와 본질적으로 같은 원리였다. 그것을 이해하는 순간, 내 마음속의 불씨가 다시 뜨겁게 타올랐다. 그동안 얼마나 많은 회의와 절망 속에 갇혀 있었던가! 하지만 이제 나는 이 길이 단순한 대안 요법이나 민간 치료의 범주가 아니라, 과학적으로도 설명이 가능한 치유의 방법임을 확신하게 되었다.

내가 그토록 갈망하던 것은 단순한 치료가 아니라, 믿음이었다. 그리고 그 믿음이 나의 회복 속도를 바꾸고 있었다. 집에서 하루하루 치료를 받을 때마다, 나는 점점 더 명확하게 몸이 변화하고 있다는 것을 느꼈다. 무거웠던 눈동자가 조금씩 생기를 되찾고, 밝은 빛을 향해 스스로 초점을 맞추는 듯한 변화가 나타났다. 눈을 감았다가 뜰 때마다 시야가 조금씩 넓어졌고, 어두웠던 세계가 다시 색을 되찾는 듯한 순간들이 찾아왔다. 그리고 나는 결심했다. 이 치료법을 나 혼자만 알지 않겠다고. 라이프 박사의 실험이 수십 년간 잊혔던 것처럼, 이 주파수 치료도 여전히 사람들에게 낯설고 멀게만 느껴질 것이다. 하지만 나는 알고 있었다. 지금, 이 순간에도 수많은 사람들이 통증과 싸우고, 병명도 모른 채 절망하고 있다는 것을. 그들에게 이 사실을 전하고 싶었다. 그로부터 시간이 흐른 뒤, 나는 이 의료기의 효과가 단지 나만의 체험이 아니라는 사실을 다시금 확인하게 되었다.

2024년, 같은 체험 센터에서 만난 한 체험자의 이야기는 나의 확신에 더욱 깊이를 더해주었다. 그는 1962년생으로 건강에 대한 자신감이 넘쳤던 사람이었지만, 9년 전 어깨 통증을 시작으로 점차 신체의 기능이 저하되며 결국 파킨슨병 초기 진단을 받았다. 오랜 기간 약물 치료와 한방 치료, 정기적인 병원 진료에도 불구하고 상태는 호전되지 않았고, 약물 부작용으로 인해 판단력 저하와 피로, 심지어는 사고 위험까지 겪으며 삶은 점점 위축되어 갔다.

그는 말했다. "파킨슨 진단을 받던 순간을 아직도 잊지 못합니다. 마치 모든 것을 잃은 듯한 절망감이 몰려왔어요."

그는 입사 전, 3년간 요양원에서 근무하며 파킨슨병 환자들을 돌보았던 기억을 떠올렸다고 했다. "말도 하지 못하고 몸도 굳어 마루타처럼 누워계시던 분들을 봤는데, 설마 내가 그렇게 될 줄은 몰랐습니다."

그는 2024년 5월, 정년 퇴직을 하고, 소개로 알게 된 미라클 주파수 의료기를 체험하게 되었다. 처음에는 두 시간씩 기기에 앉아 있는 것도 힘들었지만, 시간이 흐르며 몸의 긴장이 풀리고, 통증이 줄어들고, 무엇보다 피로감이 현저히 줄어들었다는 것이다.

8월 중순부터 9월까지 약 한 달간 꾸준한 체험 끝에 몸이 한결 가벼워졌고, 삶에 대한 의지도 되찾았다. 그리고 그는 자신의 이야기를 시집(詩集)에 수필로 정리하여 김미승 회장님께 직접 전달했다고 한다. "이 체험이 단순한 기계의 경험이 아니라, 제 인생을 다시 쓰게 한 전환점이었습니다. 회장님께 감사 인사를 전하고 싶었어요."

그의 마지막 한마디는 내 마음을 깊이 울렸다. "병을 원망하지 말고 친구로 생각하세요. 그러면 삶은 다시 기적처럼 피어납니다."

그의 회복은 나의 체험을 되돌아보게 했고, 동시에 다시금 나에게 확신을 심어주었다. 미라클 주파수 의료기는 단순한 장비가 아닌, 생명을 다시 일으키는 '세포의 언어'이며, 회복의 기적은 결코 멀리 있는 것이 아니라는 사실을.

세포가 다시 숨쉬기 시작했다

주파수 치료를 시작하고 시간이 흐르면서, 나는 그것이 단순한 기계 작동의 시간이 아님을 깨닫게 되었다. 매일 반복되는 주파수 치료 속에서 처음엔 황반변성의 치료에는 아무런 변화도 느껴지지 않았다. '이렇게 해서 정말 나아질 수 있을까?' 회의감이 고개를 들기도 했다. 하지만 나는 치료를 멈추지 않았다. 단지 '좋아질지도 모른다'라는 기대가 아니라, 몸이 보내는 작은 신호 하나를 느끼고 싶어서였다. 나는 꾸준히 주파수 치료에 집중하면서 처음으로 아주 미세한 변화를 느꼈다. 마치 바람이 고요한 연못 위에 작은 물결을 일으키듯, 내 몸속 어딘가에서 느껴지는 미묘한 따뜻함과 가벼운 진동. 그것은 단순한 착각이 아니었다.

눈앞에 번지던 빛이 서서히 정리되기 시작했다. 중심이 뿌옇게 가려졌던 시야는 조금씩 맑아졌고, 한참을 응시하면 흐릿하게나마 윤곽이 잡혔다. 그 작은 변화가 믿기지 않아 몇 번이고 눈을 깜빡였고, 그때마다 조금 더 선명한 빛이 눈 속으로 스며들었다.

황반변성으로 절망에 가까웠던 나에게 이건 단순한 호전이 아닌, 새로운 생명을 얻는 기적이었다. 왼쪽 눈의 중심 시야가 점차 회복되면서, 나는 이전에 보지 못하던 색감과 형태들을 다시 느낄 수 있었다. 책을 펼쳐 글자를 읽을 수 있게 되었고, 사람들의 얼굴이 선명하게 들어오기 시작했다. 그 감동은 이루 말할 수 없었다. 내 몸이 다시 살아나고 있다는 확신! 단지 주사 한 번, 약 한 알이 아닌, 매일 쌓아 올린 시간과 인내가 만들어 낸 변화였다. 담당 의사도 나의 회복 과정을 보며 놀라움을 감추지 못했다. "송 선생님, 이건 매우 드문 케이스이며 운이 좋으신 것 같습니다." 그 한마디가 내 가슴을 뜨겁게 만들었다. 이 회복은 내 몸이, 내 삶이 스스로 증명해 낸 결과였다.

나는 이 경험을 통해 한 가지를 깨달았다. 몸은 거짓말을 하지 않는다는 것, 그리고 세포는 우리가 어떤 마음과 에너지를 보내는가에 따라 반응한다는 사실을. 무기력했던 세포에 주파수를 통한 자극과 에너지를 공급했을 때, 그것은 서서히 생명의 불씨로 살아났다. 지금도 나는 의료기 앞에 앉아 눈을 감고 치료를 받는다. 그 시간은 나에게 있어 단순한 휴식이 아니라, 내 몸과 영혼이 회복되는 진정한 예배의 시간과도 같다. 그 회복의 결과를 나만 누릴 수는 없었다. 나는 즉시 재단 본부 2층을 '주파수 의료기 무료 체험실'로 개방하기로 결심했다. 질병으로 고통받는 많은 사람들에게 단 한 번이라도 회복의 기회를 주고 싶었다. 병원에서 기대할 것이 없다고 포기한 이들에게, 주파수를 통해 건강의 길이 열릴 수 있음을 알려주고 싶었다.

체험실이 문을 열자, 매일 많은 사람이 찾아왔다. 당뇨, 고혈압, 뇌졸중 후유증, 암 치료 후 회복, 만성 피로와 수면 장애까지. 다양한 질병으로 힘겨워하던 분들이 주파수 치료 후 희망의 목소리를 전해오곤 했다. 특히 고령 사회로 들어선 지금, 우리 사회는 통증과 질병으로 고통받는 어르신들이 너무 많다. 이들에게 주파수 치료는 선택이 아닌 필수다. 나는 확신한다. 앞으로 주파수 치료는 대안이 아닌, 새로운 중심이 될 것이다. 나는 오늘도 다시 의료기 앞에 앉아, 이 회복의 시간을 누군가에게 전하고 싶다. 다시 삶을 시작하게 해주는 이 시간, 그 따뜻한 진동 속에서, 시력이 정상으로 회복이 된 나는 내 사명을 다시금 확인하고 있다.

세포가 깨어나다
— BOB 효소와의 만남

나는 깨달았다. 몸이 회복되기 시작하면
마음도 따라 움직인다는 것을.
육체의 통증이 줄어드니
삶에 대한 에너지가 되살아났다.

내 몸과 마음이 다시 살아나는 생명의 한 컵

나는 이미 2002년도 척추 수술 이후 후유증으로 인한 극심한 통증 속에서 하루하루를 버티며 살아가고 있었다. 그런 가운데 황반변성이라는 절망적인 질병이 찾아왔고, 시야가 점점 일그러지고 흐릿해지는 실명 위기의 절망 속에서 나는 또다시 삶의 방향을 잃을 뻔했다.

그때 만난 것이 바로 '주파수 의료기'였다. 처음에는 반신반의로 시작했지만, 매일같이 주파수에 몸을 맡기며 치료를 이어간 지 수개월이 지나자 믿을 수 없는 변화가 찾아왔다. 흐려졌던 눈앞이 조금씩 맑아지고, 시야 중심부의 왜곡이 서서히 회복되기 시작한 것이다. 마치 세포 하나하나가 잊고 있었던 생명의 파동을 다시 기억해 냈듯, 내 눈은 주파수의 따뜻한 진동을 따라 되살아나고 있었다. 나는 그 시간을 통해 '세포는 에너지를 기억한다.'라는 말을 실감하게 되었고, 회복의 희망을 다시 붙잡게 되었다. 나는 주파수 의료기를 통해서 눈의 회복과 몸 전체의 건강을 회복할 수 있겠다는 확신으로 주파수 치료를 이어갔다. 그런데 몸의 건강이 점차 호전되어 가던 중 일 년여의 시간이 흐른 어느 날, 나는 뜻밖의 제안을 받게 되었다.

2024년 여름, 한지희 이사님이 내게 조심스럽게 건넨 투명한 파우치. "이사장님, 하루 한 끼 이걸로 드셔보세요. 저도 이걸 먹고 몸이 정말 달라졌어요."

파우치 안에는 일곱 가지의 제품이 정갈하게 들어 있었다. 스틱형 분말 효소 다섯 종류와 액상 파우치 두 종류인 '비오포션'과 '헬스포션', 그리고 별도로 제공된 마그네슘 보충제 '비오에이드'. 이사님은 "그냥 컵에 이 여덟 가지를 함께 섞어서 드시면 됩니다. 생각보다 간단해요. 하지만 이 한 컵이, 정말 많은 걸 바꿔줘요."라고 덧붙였다.

솔직히 처음엔 망설였다. 그동안 수없이 많은 제품을 접해왔고, 그때마다 희망은 실망으로 바뀌었기 때문이다. 그러나 주파수를 통해 '세포 회복의 가능성'을 직접 경험한 나는, 조금 다르게 받아들이기로 했다. 그동안 주파수 의료기는 세포에게 진동 패턴의 주파수를 통해 몸속에서 공진, 공명으로 운동에너지를 극대화해서 세포가 활성화되고 있었다면, 이번엔 세포가 필요한 연료로 효소를 공급해 준다면 빠른 속도로 몸이 회복될 수 있으리라는 생각이 들었다. 그렇게 해서 나는 처음으로 세포에 꼭 필요한 한 컵의 BOB 효소로 한 끼니의 식사를 대신하게 되었다.

그런데 믿을 수 없는 일이 일어났다. 놀랍게도 가볍고 맑은 느낌이 내 몸을 감쌌다. 음식이 소화되는 과정에서 흔히 느끼던 더부룩함이나 나른함 대신, 뇌가 또렷해지고, 혈액이 맑게 도는 듯한 느낌이 들었다. 점심 한 끼를 대체했을 뿐인데, 그날 오후 나는 몇 시간이고 움직임 없이 책상 앞에 앉아 업무를 볼 수 있었다. 수개월 동안 느껴보지 못한 집중력이었다. '이건 단순한 식사가 아니다. 뭔가가 내 몸속에서 깨어나고 있다.' 마음속에 이런 생각이 일어났음은 물론, 그 감각이 내 몸속 전체로 잔잔하게 퍼져나가는 것을 느꼈다.

그 후, 나는 비오비(B.O.B) 본사를 직접 방문하게 되었다. 서울 동대문에 위치한 사무실 문을 열고 들어서자, 반가운 미소로 나를 맞이한 여성 본부장이 '양자 측정기'로 내 건강 상태를 확인해 보기를 권했다. 측정기에 연결된 작은 봉을 한 손으로 잡고 있으니 몇 분 만에 내 몸의 장기 상태와 에너지 흐름이 분석되어 화면 위에 나타났다. 본부장은 나에게 진지하게 말했다.

"이사장님, 많이 힘드셨겠어요. 면역력도 떨어져 있고, 세포 재생력도 약화되어 있습니다. 하지만 지금부터 꾸준히 효소 식사를 하신다면, 몸이 반응하기 시작할 거예요. BOB 효소는 단순한 영양 보충제가 아니라, 세포가 살아나는 식사입니다."

나는 또 다른 하나의 '희망'을 그 자리에서 발견했다. BOB 효소는 120여 종의 천연 원료에서 추출한 소화·대사 효소, 장 건강을 위한 효소, 간 기능을 돕는 생약 성분 등 체내 에너지 균형을 잡아주는 마그네슘까지 세심하게 설계되어 있었다. 무엇보다 '세포의 회복 주기에 맞춰 3개월만 꾸준히 섭취해 보라.'는 설명은, 이미 주파수를 통해 회복의 시간을 겪었던 내게 더욱 신뢰를 주었다.

나는 결심했다. 아침과 저녁, 하루 두 끼를 BOB 효소로 대체하며 '회복의 가속화'를 시작하기로. 주파수는 내 눈을 되살렸고, BOB 효소는 이제 내 몸 전체에 생명을 불어넣기 시작했다. 그 한 컵을 마실 때마다 나는 다짐했다. '이건 단지 한 끼가 아니라, 내 몸과 삶을 다시 태어나게 하는 시간이다.'

그리고 나는 그 시간 속에서, 내 안의 세포들이 다시 숨쉬기 시작하는 걸 분명히 느꼈다.

한 컵의 생명력 – 나는 이렇게 다시 일어섰다

내가 본격적으로 BOB 효소 식사를 시작한 것은 한여름의 더위가 절정을 지날 무렵이었다. 아침과 저녁, 하루 두 끼를

BOB 효소로 대체하고 나서 처음 일주일은 큰 변화가 느껴지지 않았다. 몸이 여전히 무겁게 느껴졌고, 하루의 대부분을 책상에 앉아 일하는 동안에도 피로는 쉽게 가시지 않았다. 그러나 마음속엔 묘한 기대가 있었다. 한지희 이사님이 "이사장님, 꼭! 3개월은 드셔보셔야 해요. 그전에는 모릅니다."라고 했던 말이 하루하루 지나면서 점점 더 크게 울려왔다. 그리고 어느 날, 마침내 나는 내 몸이 '응답'하고 있다는 것을 알게 되었다. 그것은 아주 사소한 변화에서 시작되었다.

아침에 일어날 때 몸이 전처럼 무겁지 않았다. 이전에는 알람이 울리면 겨우 몸을 일으켜 세우곤 했는데, 그날 아침은 몸이 바로 깨어났다. 몸이 가벼워지니 마음도 덜 조급해졌다. 책상 앞에 앉아 있을 때도 허리의 긴장이 덜했고, 머릿속도 맑아지는 느낌이 들었다. 전에는 식사 후 바로 졸음이 쏟아졌지만, 효소식을 하고 나서는 포만감은 있으면서도 나른하지 않은, 아주 이상적인 상태가 유지되었다. 두 번째 주부터는 그 변화가 더 확실해졌다. 피부에 생기가 돌고, 밤에 깊은 잠으로 숙면할 수 있었다. 전에는 잠을 자도 자는 것 같지 않았고, 아침이 되면 피로가 누적되어 있었다. 하지만 효소식을 하고 나서부터는 새벽에 깨어도 다시 잠들 수 있었고, 수면의 질이 눈에 띄게 좋아졌다. 이 모든 변화는 '세포'가 깨어나고 있다는 신호였다. 우리는 흔히 "몸이 가벼워졌다.", "피로가 덜하다."라는 말을 쉽게 하지만, 그 이면에는 세포 단위의 균형과 회복이 자리 잡고 있다는 것을 나는 비로소 몸으로 실감했다.

가장 놀라웠던 건, 장 건강의 변화였다. 사실 나는 수년 전부터 장이 예민해져서 식사 후 복부 팽만과 가스가 심했고, 자주 음식을 먹을 때마다 체하는 것이 일상이었다. 그런데 BOB 효소 식사를 한 뒤로 소화가 원활해지고 장이 편안해지는 것을 느낄 수 있었다. 매일 효소식에 포함된 비오 포션(Bio Potion)과 헬스 포션(Health Potion)은 장 내 유익균을 증식시키고 간의 해독 기능을 도우며, 몸 전체의 순환을 돕는 역할을 했다. 마그네슘까지 함께 섭취하면서 근육 이완과 신경 안정에도 큰 도움을 받았다. 그동안 나는 건강기능식품을 수없이 섭취했지만, 이렇게 '시스템적으로' 몸 전체가 움직이는 느낌은 처음이었다. 이 모든 변화는 억지로 끌어올린 '기적'이 아니었다. 꾸준함이라는 시간 속에서, 내 세포 하나하나가 응답하는 것이었다. 그리고 나는 깨달았다. 건강 회복의 핵심은 무언가 특별한 치료가 아니라, 세포에 적절한 영양을 제공하고, 그들이 자생할 수 있는 환경을 만들어주는 데 있다는 것을. BOB 효소는 그 역할을 충실히 해주고 있었고, 내 몸은 또한 그 보답을 성실히 보여주고 있었다.

이제 나는 매일 아침 효소식으로 하루를 시작한다. 액상 파우치를 컵에 붓고, 분말 스틱 5종을 조심스레 넣고, 마지막으로 비오에이드를 두 스푼 넣어 잘 섞는다. 컵 안에서 일어나는 그 조용한 혼합의 순간이, 마치 내 몸속 세포들의 합창처럼 느껴진다. 단순한 한 끼가 아니다. 그것은 내 몸에 보내는 응원의 메시지다. "오늘도 너를 살리고, 너를 회복시키고 싶다." 그렇게 매일 나는 내 몸과 대화하며, 회복의 길을 묵묵히 걸어가고 있다.

목의 통증이 사라진 날 – 회복은 그렇게 시작되었다

나는 내가 경험한 통증이, 단순히 육체의 고통만은 아니었다는 사실을 아주 오랜 시간이 흐른 뒤에야 온전히 깨닫게 되었다. 척추 수술 이후 시작된 고통은 내 몸 안 깊은 곳에서부터 천천히, 그러나 멈추지 않고 지속되었다. 수년 동안 나는 그 고통을 '지속되는 불편함' 정도로 여겼다. 젊음을 무기로 삼아 참고, 억지로 웃고, 일하고, 움직였다. 하지만 세월은 젊음을 무너뜨리고, 고통은 더는 감출 수 없는 신호로 내게 경고를 보내왔다. 그 고통은 등을 타고 어깨로 올라왔다. 처음엔 단순한 근육통이라 여겼지만, 그것은 오래지 않아 목으로 스며들었고, 마침내 신경마비 증상으로 발전했다. 밤이면 목을 움직이기도 어려웠고, 눕기조차 힘들었다. 베개를 수없이 바꿔가며 실낱같은 희망을 품어봤지만 소용없었다.

잠이 들기 무섭게 통증은 목뒤를 움켜쥐었고, 아침이 되면 온몸은 눌린 자국처럼 지쳐 있었다. 이 무렵, 나는 이미 심리적으로도 지쳐가고 있었다. '이 고통은 끝이 없는 걸까?' '나는 이렇게 살아야만 하는가?'라는 생각이 들었다. 파란천사 운동을 이끌며 수많은 사람에게 희망을 말했지만, 정작 내 마음엔 희망이라는 단어를 붙들 힘이 점점 사라져가고 있었다. 그 무게는 외로움과 두려움이었다. 내가 나를 이겨내지 못하면, 아무것도 할 수 없다는 사실. 그것은 리더로서의 체면이나 명예보다 훨씬 더 절박한 감정이었다.

그러던 어느 날, BOB 효소를 섭취한 지 한 달이 되던 무렵이었다. 아침에 일어나는데, 평소처럼 목에 극심한 통증이 몰려오지 않았다. 그저 약간 뻐근한 정도였다. 그것은 나에게 '기적'에 가까운 변화였다. '어떻게 통증이 줄어든 거지?'라는 의문이 생겼다. 그런 가운데 며칠이 지나자, 더 큰 변화가 찾아왔다. 오랜만에 자연스럽게 고개를 돌릴 수 있었고, 회의 중에도 통증 때문에 자세를 바꾸지 않아도 되었다. 이전 같으면 30분을 앉아 있기도 힘들었는데, 두세 시간을 집중하며 일할 수 있었다. 이 변화는 단지 효과를 넘어선 '회복'의 시작이었다. 나는 매일 아침과 저녁, BOB 효소를 정성스럽게 준비했다. 제품 하나하나를 섞을 때마다 그 안에 들어 있는 자연의 힘이 내 세포에 말을 거는 듯했다.

곡물, 채소, 해조류, 버섯, 과일 등 120여 종의 원재료가 발효되어 완성된 이 효소는 그저 음식이 아니라, 몸속에서 깨어나는 생명의 언어처럼 느껴졌다. 마치 그동안 무기력하게 잠들어 있던 내 세포들이 "지금이다!"라며 다시 일어서는 듯한 느낌이었다. 나는 깨달았다. 몸이 회복되기 시작하면 마음도 따라 움직인다는 것을. 육체의 통증이 줄어드니 삶에 대한 에너지가 되살아났고, 다시 무언가를 시작할 용기가 생겼다. 매일 찾아오던 불안과 우울도 서서히 사라져갔다. 회복은 단순히 건강을 되찾는 일이 아니었다. 그것은 '살아갈 이유'를 회복하는 일이었다. 지금 생각해 보면, BOB 효소를 처음 접한 그날의 한지희 이사님의 손길은 단순한 권유가 아니었다. 그것은 나를 다시 일으켜 세우는 '생명을 살리는 행위'였다. 내게 건네준 한 봉지의 효소는 내 삶을, 나의 하루하루를 바꾸었다. 그리고 그 변화는 지금도 현재진행 중이다. 나는 아직도 매일 아침 그 컵을 손에 들고, 조용히 되뇐다.

"오늘도 나는, 살아간다. 그리고 살아낼 것이다."

세포가 깨어나는 순간 - 몸과 다시 연결된 나의 이야기

몸은 언제나 말하고 있었다. 다만, 내가 듣지 않았을 뿐이었다. 아프다는 신호는 이미 오래전부터 시작되었고, 내 몸은 끊임없이 "지금 무언가 잘못되고 있어."라고 알려주고 있었지만, 나는 그 소리를 외면하며 살아왔다. 그때는 일이 바빴고, 사람들을 돌봐야 했고, 나보다 더 힘든 이들이 많다는 이유로 내 고통쯤은 뒤로 미뤘다. 하지만 몸은 거짓말을 하지 않는다. 척추 수술이라는 큰 사고와 황반변성이라는 실명의 위기까지 직면하고 나서야 깨달았다. 지금까지 내가 얼마나 내 몸을 무시하며 달려왔는지를.

BOB 효소 식사를 시작한 이후, 내 몸은 다시 조용히 말을 걸어오기 시작했다. 처음엔 아주 미세한 신호였다. 아침에 눈을 떴을 때, 평소보다 개운한 느낌은 물론, 자고 일어난 후에도 몸이 덜 부었고, 손발의 저림이 사라지는 시간이 점점 빨라졌다. 어느 날은 점심을 건너뛰었는데도 피곤하지 않았다. 그때야 나는 이해하기 시작했다. '세포'가 살아나고 있다는 것을.

인간의 몸은 약 37조 개의 세포로 구성되어 있다. 그중 대부분은 일정한 주기로 사멸하고, 또 새롭게 태어난다. 위 점막 세포는 며칠 만에 교체되고, 피부 세포는 수주 만에 바뀐다. 혈액 속 적혈구조차 3~4개월이면 완전히 새로운 구성원으로 대체된다. 그리고 이 모든 '생명의 순환'에는 에너지원이 필요하다.

바로, 효소이다. BOB 효소는 단순한 건강기능식품이 아니었다. 그것은 '세포를 위한 식사'였다. BOB라는 이름은 'Best of Balance'를 의미한다. 이 효소 식사는 우리 몸의 대사 효소와 소화 효소의 균형을 고려해 설계되었고, 한 끼에 필요한 영양소를 자연 그대로 발효한 형태로 공급한다. 그래서 먹을 때마다 몸이 편안했고, 소화에 에너지를 소모하지 않으니 다른 기능 회복에 집중할 수 있었다.

효소 식사를 지속한 지 두 달째, 나는 내 몸속에서 일어나는 '변화의 언어'를 명확하게 들을 수 있게 되었다. 깊게 잠이 들었고, 잠에서 깨어나는 것도 부드러워졌다. 일상 중 갑작스레 치솟던 피로감이 사라졌고, 하루 종일 머리가 맑았다. 그간 아무리 약을 먹고 건강식품을 섭취해도 개선되지 않던 통증이 줄어들고 있었고, 무엇보다도 정신적 에너지가 회복되기 시작했다. 처음에는 "우연일 수도 있지." 하고 넘기려 했지만, 그 변화는 너무도 분명하고 반복적이었다. 어떤 날은 하루 종일 외부 미팅이 잡혀 있었는데, 예전 같으면 목의 통증으로 고개를 숙이는 것조차 힘들었을 상황이었다. 그러나 그날은 전혀 달랐다. 자연스럽게 사람들과 눈을 맞추고, 대화하고 파란천사에 대한 설명을 하고 밝게 웃을 수 있었다. 마치 '내 몸이 나를 다시 지지해 주고 있다'라는 기분에 휩싸여 있었다.

그때부터 나는 하루하루를 기록하기 시작했다. 몸의 변화, 통증의 정도, 수면의 질, 에너지 레벨. 그 모든 기록은 내게 하나의 결론을 향해 나아가고 있었다. 내 몸은, 다시 살아나고 있었다. 누군가에겐 사소하게 느껴질 변화지만, 나에겐 생존의 기적이었다. 시력 저하로 무너진 자신감, 목 신경 마비로 흔들리던 일상, 수년간의 고통 속에 지쳐 있던 내게, 내 세포들은 조용히 말하고 있었다. "이제 괜찮아. 우리가 너를 살릴게." 나는 몸의 속삭임을 들을 줄 아는 사람이 되었고, 그 감각을 놓치지 않으려고 매일 효소 식사를 정성껏 준비하고, 감사의 마음으로 한 모금씩 마셨다. 컵에 담긴 액체는 내게 단순한 '효소'가 아니라 '희망'이었다. 그리고 나는 그것을 통해, 내 몸과 화해하고, 나 자신을 돌보는 법을 다시 배우게 되었다.

기적은 몸에서 시작된다, BOB 효소가 만든 회복의 서사

인생은 돌이켜보면, 가장 절망적인 순간에 가장 놀라운 회복의 서사가 시작되는 법이다. 나에게는 BOB 효소 식사가 바로 그런 전환점이 되었다. 단순히 건강식품 하나를 섭취했다고 해서 갑자기 몸이 나아지는 마법 같은 일을 나는 믿지 않았다. 오히려 그동안 그렇게 '좋다'고 하는 모든 것을 해봤기에, 더 이상 기대할 것도 없는 체념의 심정이었다. 하지만, 이번만은 달랐다. 처음 몇 주 동안은 작은 변화였다. 피곤해지던 시간이 늦춰지고, 몸의 무게감이 덜해지고, 소화가 한결 편해졌다. 그러나 시간이 흐르자, 이 변화는 점차 뚜렷해졌고, 나는 어느 순간부터 '내 몸이 나를 회복시키고 있다.'라는 확신을 갖게 되었다.

BOB 효소가 내 세포 하나하나에 생명의 신호를 다시 불어넣고 있는 듯한 느낌이었다. 이 '효소'는 단순한 에너지원이 아니었다. 내 몸 안에서 끊임없이 사멸하고 재생하는 세포들에게, 살아야 할 이유와 영양을 주는 언어였다. 생명을 유지하기 위한 최소한의 밸런스가 무너져 있던 내 몸은, 이제 그 균형을 되찾고 있었다. 바로 그것이 회복의 첫 단계였고, 내가 깨닫지 못했던 치유의 문턱이었다.

특히 눈의 회복은 실로 경이로운 일이었다. 황반변성으로 인해 일그러져 보이던 시야가 좋아지면서 교정되어 갔다. 처음엔 흐릿한 윤곽이 조금씩 또렷해지고, 빛의 번짐이 줄어드는 느낌이었다. 시간이 흐르자 왼쪽 눈의 흐린 시력도 서서히 중심을 잡아갔고, 일그러진 직선들이 제자리를 찾아갔다. 모든 것이 뚜렷하게, 그리고 다시 아름답게 보이기 시작한 순간, 나는 감격의 눈물을 흘렸다. "아, 하나님! 감사합니다. 이 회복이 저에겐 세상의 전부와 같습니다."

내 회복의 배경에는 철저한 '과학'이 존재하고 있었다. BOB 효소는 한국생명공학연구원의 박사들과 함께 개발된 제품이었다. 곡물, 채소, 해조류, 과일 등 120가지 이상의 원료를 융복합 발효 기술로 농축해, 한 모금의 액상과 분말 속에 담아냈다. 그것은 단순한 효소가 아니었다. 세포의 구조와 신진대사를 이해하고 설계된, 세포 중심의 회복 프로그램이었다. 효소 식사는 단지 배고픔을 채우는 식사가 아니다. 그것은 생명을 되살리는 식사이다. 특히 만성질환자나 암 환자, 당뇨나 신경질환 등으로 고통받는 이들에게는 필수적인 생명의 촉진제 역할을 하고 있다.

세포는 단백질과 미네랄, 효소 없이 재생될 수 없으며, 아무리 좋은 약이나 치료를 받더라도 몸이 받아들일 준비가 되어 있지 않으면 아무 소용이 없다. 그 준비를 가능하게 한 것이 바로 효소였고, 나의 회복도 거기서 시작되었다. 이 모든 과정을 지켜본 주치의조차 고개를 갸웃거리며 말했다. "정말 신기하네요. 이 정도의 회복은 흔치 않습니다. 특히 황반변성처럼 이미 진행된 경우엔 더더욱요." 나는 그 말을 듣는 순간, '기적 같은 회복의 경험, 이 경험을 나누어야 한다.'라는 사명감이 생겼다. 내게 찾아온 이 기적이 단지 나만의 것으로 남는다면, 그것은 또 하나의 이기심이 될 수도 있기 때문이었다. 그래서 나는 이 경험을 많은 사람들에게 알리기로 결심했다. 파란천사 운동을 통해 질병으로 고통받는 이들, 소외된 이들, 경제적으로 건강을 챙기지 못하는 이들에게 이 생명의 가능성을 전하고 싶었다.

세상에는 아직도 자신의 고통을 당연하게 여기며 살아가는 수많은 사람들이 있다. 그들에게 말해주고 싶다. "당신의 세포는 아직 깨어날 수 있습니다. 희망은 아직 끝나지 않았습니다." 나 역시 믿지 못했던 회복의 기적을 몸소 경험한 한 사람으로서, 확신을 가지고 말할 수 있다. 이 회복은 우연이 아니다. 단지 자연의 법칙에 순응한 것일 뿐이다. 우리 몸은 회복하고자 하는 본능을 가지고 있고, 그 본능에 맞는 영양과 자극을 주었을 때, 기적 같은 일은 누구에게나 가능하다. BOB 효소는 바로 그 생명 에너지의 매개체였고, 나는 그 증거였다.

생명에너지, 다시 시작된 사명의 공간

나의 회복은 단지 한 사람의 건강이 회복된 차원을 넘어, 다시 세상을 향해 손을 뻗치는 기회를 의미했다. 그리고 그 첫 걸음은 바로 '생명에너지건강지원센터'의 재정비였다. 이 센터는 단순한 치유의 공간이 아니다. 그곳은 병든 몸과 지친 마음이 찾아와 다시 살아갈 힘을 얻는 회복의 현장이며, 나아가 복지와 치유, 나눔이 하나로 연결되는 사명의 플랫폼이다. 내 몸이 회복되면서 나는 재단 건물 2층을 전면 개조하기로 결심했다. 누구든 건강을 회복할 수 있는 희망의 체험장으로 다시 태어나야 한다고 느꼈다. 그래서 공사를 결정했다. 기존의 구조를 모두 정리하고, 체험형 건강회복 시스템을 도입했다. 가장 중심에 둔 것은 '세포 회복'이라는 핵심 개념이었다. 나는 내가 직접 체험하고 회복한 BOB 효소식과 주파수 의료기를 그대로 일반인에게 개방하기로 했다. 그렇게 탄생한 것이 바로 생명에너지건강지원센터 내의 'BOB 효소식 체험존'과 '양자 주파수 체험실'이다.

센터 입구를 들어서면 가장 먼저 만나는 공간은 BOB 효소

식 안내 데스크다. 이곳에서는 효소식의 구성과 섭취 방법, 건강 회복에 도움을 줄 수 있는 다양한 사례들이 정리된 리플릿과 안내 영상이 상영된다. 실제로 효소식을 통해 만성피로나 염증, 위장장애를 극복한 이들의 후기가 전시되어 있었고, 방문자들은 자연스럽게 관심을 가졌다. "이게 정말 식사로 가능한가요?", "한 끼만 바꿔도 몸이 달라지나요?" 이런 질문이 끊임없이 이어졌고, 체험해 본 이들은 공통적으로 몸의 가벼움과 두뇌의 맑음을 느꼈다고 했다.

그리고 바로 옆에는 '양자 주파수 체험실'이 자리하고 있다. 이곳에서는 주파수 의료기를 직접 체험할 수 있도록 하고, 내 몸의 건강 상태를 측정하는 '양자 측정기'를 통해 세포의 상태와 면역 반응, 장기 기능 등을 간략히 확인할 수 있게 했다. 처음엔 다소 생소하게 여겨졌던 이 시스템은, 체험자들이 '딱 내 몸 상태를 정확히 읽어준다.'라는 반응을 보이면서 금세 입소문이 퍼졌다. 특히 통증이나 만성질환으로 고통받는 분들이 꾸준히 방문하며 체험을 이어갔다. 센터를 찾는 사람들은 다양했다. 직장 스트레스로 소화 장애와 만성 피로에 시달리던 30대 청년, 항암 치료 후 기력이 쇠진했던 중년 여성, 그리고 무릎과 허리 통증으로 고통받던 노인까지. 이들은 각기 다른 이유로 이곳을 찾았고, 서로 다른 회복의 길을 걸었다.

하지만 공통점은 하나였다. 이곳에서 희망을 만났다는 것이다. 단순한 건강 회복을 넘어서, 그들은 '누군가가 자신을 위해 마련해 놓은 공간'이라는 따뜻함을 느꼈고, 그것이 가장 큰 치유였다. 나는 그 모습을 보며 느꼈다. 이곳은 단순히 내가 만든 체험장이 아니라, 살아있는 복지의 현장이며, 사랑이 머무는 공간이라는 것을. '생명에너지건강지원센터'는 복지재단의 방향성을 새롭게 정의했다. 과거엔 주로 물품지원과 봉사를 통해 외적 복지에 집중했다면, 이제는 '생명력 복지'라는 새로운 흐름을 만들어가는 중심이 되었다. 그리고 그 중심에는 '파란천사'가 있었다. 나는 전국의 파란천사 임원들에게 이 센터를 기반으로 건강 회복 사명을 함께 나눌 수 있는 기회를 제공했다.

실제로 여러 지역 위원장들이 센터를 방문해 프로그램을 체험하고, 자신들의 지역에도 이 같은 시스템을 도입하고자 하는 움직임이 나타났다. 파란천사가 이제는 단순한 나눔의 대리인이 아니라, 생명 회복의 전달자로서 새로운 역할을 수행하고 있다. 나는 확신하게 되었다. 이 길이 맞다는 것을. 내가 앓고 회복했던 모든 고통의 시간은 바로 이곳을 만들기 위한 여정이었고, 그 중심에서 다시 시작하는 나의 사명은 바로 생명을 위한 나눔이라는 것을!

질병에서 사명으로
—회복의 시간, 파란천사 운동

희망을 잃고 있던 사람들에게
우리가 건넨 도움의 손길.
울음 속에 피어난 감사의 눈빛들.
그들이 나의 원동력이었고, 은인이었다.

한 사람의 고통이, 한 공동체의 비전이 되기까지

지난 2023년, 황반변성이라는 뜻밖의 질병으로 인해 내 인생의 여정은 다시 한번 두려움과 마주해야 했다. 육체적인 고통은 물론이거니와, 내가 지금껏 이루어온 모든 일들이 멈춰버릴 수 있다는 위기의식이 더욱 컸다. 세상을 향해 걸어온 나의 발걸음, 수많은 사람들과 함께 꿈꾸던 파란천사 운동의 길이 눈앞의 어둠 속에서 무력하게 멈춰서는 듯했다. 그러나 신기하게도, 그런 절망 속에서도 나는 어느 한 줄기 희망을 붙잡았다.

그것은 내 곁에 있는 사람들, 그리고 내가 지금껏 걸어온 길 자체였다. 척추 수술로 인한 고통과 목 신경 마비의 후유증을 견디던 시절, 나를 지탱해 준 건 다름 아닌 '함께'라는 공동체였다. 파란천사의 위원장들, 전국 곳곳에서 함께 땀 흘리고 눈물 흘리며 생명을 살리는 일에 앞장섰던 이들이 있었다. 나는 그런 동역자들에게 용기를 얻었고, 다시 한번 내 몸을 일으켜 세우기로 결심했다. 눈이 불편하다는 이유 하나로 삶을 멈출 수는 없었다.

나는 매일, 이전보다 더 강한 마음으로 하루를 시작했다. 비록 시야는 또렷하지 않았지만, 내 안의 사명감만큼은 누구보다 뚜렷하고 분명했다. 아침이면 눈을 감고 기도했다. "오늘 하루도 주어진 시간 안에서 누군가의 희망이 되게 해주십시오."

하루의 시작을 그렇게 영적인 호흡으로 맞이하며, 나는 여전히 살아 있다는 것에 감사했다. 눈으로 보지 못하는 동안에도 내 마음은, 내 영혼은 여전히 누군가를 향해 손을 뻗고 있었다. 파란천사 운동은 단순한 봉사 활동이 아니다. 그것은 한 생명, 한 고통, 한 절망을 마주하며 그것을 바꿔내는 '기적의 씨앗'이다. 나는 그 기적의 씨앗을 뿌리고 싶었다.

황반변성으로 인해 외부 활동이 어려워졌을 때도, 전국의 파란천사 위원장들과의 온라인 화상 회의, 유선 통화, 편지로 마음을 나누었다. 직접 가지 못하는 대신, 내 진심을 그대로 담아 전달했다. 그렇게 다시 연결된 마음은 다시금 조직을 살려냈고, 한 사람의 사명이 다시 공동체의 비전으로 되살아났다. 내 몸의 회복은 더뎠지만, 마음의 회복은 누구보다 빠르게 이루어졌다. 그리고 놀라운 일은, 몸의 치유가 바로 그 마음의 회복에서 시작되었다는 점이다. 육체의 눈은 가릴 수 있어도, 사명의 눈은 결코 감길 수 없다는 것을 나는 뼈저리게 깨달았다. 그렇게 다시 하루를 시작했다. 그리고 그 하루가 모여 다시 길이 되었다. 삶은 무너지지 않았다. 오히려 더 깊어졌고, 더 단단해졌다. 그것이 바로 내가 황반변성이라는 어둠 속에서도 끝내 다시 불씨를 살려낼 수 있었던 이유였다.

고통 끝에 다시 심긴 천사의 씨앗

질병으로 인해 내 삶이 일시 정지된 듯 멈추어 있었던 시간, 가장 그리웠던 것은 바로 '사람'이었다. 내가 직접 몸을 움직이며 전국을 누비던 날들이 그토록 그리웠다. 파란천사 운동의 시작부터 오늘까지, 이 길은 혼자 걸어온 길이 아니었다. 각자의 자리에서 같은 뜻을 품고 한마음으로 손을 내밀어 준 수많은 위원장이 있었기에 가능한 여정이었다. 그들은 나에게 단순한 동료가 아니라, 사명을 함께 짊어진 동역자들이었다. 하지만 병상에 누워 있는 동안 나는 그들과의 연결 고리를 조금씩 놓아야 했다. 외부 활동을 중단한 채 말수도 줄어들고, 점점 세상과 단절되어 가는 듯한 감각 속에서 나는 불현듯 무엇인가를 해야겠다는 다짐이 일어났다. "파란천사를 다시 품어야 하겠다."

이 말은 단지 업무를 다시 시작해야 한다는 의미가 아니었다. 나 자신이 다시금, 사명의 본질을 마음 깊이 새기고, 이 운동의 뿌리 근원으로 돌아가야만 한다는 뜻이었다.

파란천사는 단지 봉사조직이 아니다. 생명을 살리고, 가난한 이웃에게 희망을 전하며, 외롭고 아픈 사람들에게 손을 내미는, 우리 사회의 '따뜻한 심장'이다. 나는 그 심장박동이 내 안에서 다시 뛰도록 만들고 싶었다. 그것이 회복의 시작이자, 진정한 사명의 부활이었다.

그러기 위해 나는 가장 먼저 파란천사의 근본 취지를 다시 정리했다. '한 사람을 살리기 위한 천사의 손길'이라는 문장을 종이에 또박또박 써 내려가며, 내가 처음 이 운동을 시작했던 그 감격의 순간들을 떠올렸다. 전국 방방곡곡, 산골 마을부터 도시의 외곽까지… 희망을 잃고 있던 사람들에게 우리가 건넨 도움의 손길. 울음 속에 피어난 감사의 눈빛들. 손을 꼭 잡고 고개를 끄덕이던 수많은 위원장들. 그들이 나의 원동력이었고, 지금, 이 순간에도 나를 다시 일으켜 세우는 은인이었다.

나는 조심스럽게 연락을 하기 시작했다. 한 명, 또 한 명. 오랜만이라는 인사를 건네는 목소리 뒤에는 반가움과 동시에 걱정이 묻어 있었다. "이사장님, 괜찮으세요?", "건강은 좀 어떠세요?" 그러한 진심 어린 말들 하나하나가 내 마음에 따뜻한 위로로 스며들었다. 그리고 어느새 나는 그들과 함께 다시 길을 걸을 준비를 하고 있었다. 이전처럼 무리하지는 않더라도, 내 자리에서 할 수 있는 역할을 다시 맡아야겠다고 결심했다.

통증에서 벗어나 회복 중이던 어느 날, 나는 결심했다. 다시, '파란천사 조직을 확대하는 성과를 위해 힘차게 달려보자. 다시, 생명을 향한 걸음을 시작하자.' 그때부터 나는 본부 2층을 재정비했다. 주파수 의료기 체험실과 건강 상담 공간은 그대로 유지하면서, 그 안에 다시 파란천사 조직을 위한 회의 공간을 만들었다. 전국에서 찾아오는 위원장들과 차 한 잔 나누며, 각자의 지역에서 일어나는 작은 기적들의 이야기를 들었다. 어쩌면 그 순간들이야말로 내게 진정한 치료의 시간이었는지도 모른다. 사람이 회복된다는 건 단지 몸이 낫는다는 의미만은 아니다. 마음이 살아나고, 생각이 밝아지고, 다시 나아갈 용기를 갖게 되는 것. 파란천사를 다시 품으면서 나는 나 자신을 회복하고 있었다. 그리고 그 회복은, 다시 수많은 이들에게 생명을 전하는 새로운 사명으로 이어지고 있었다. 어쩌면 내게 주어진 이 고난은, 누군가에게 희망을 전하기 위한 하늘의 부르심이었는지도 모르겠다.

다시 피어난 파란천사, 꺼지지 않은 사명의 불씨

삶은 때때로 한겨울을 지나기도 하고 봄을 맞기도 한다. 내가 병으로 눕고, 걷던 걸음을 멈추었을 때, 파란천사 운동도 잠시 멈춘 듯 보였다. 전국 방방곡곡에서 생명을 살리겠다며 자발적으로 활동하던 위원장들, 누구보다 열정적이던 활동가

들의 발걸음이 느려졌고, 정기적인 만남과 회의, 현장 행사들도 줄어들었다. 나는 그 모습을 멀리서 지켜보며 마음속으로 자책했다. '나 하나 멈췄을 뿐인데, 전체가 멈춘 것 같구나…' 그런 마음은 더욱 나를 움츠러들게 했고, 병보다 더 깊은 그림자를 내면에 드리우게 했다. 그러나 빛은 다시 찾아왔다. 회복의 기적이 시작되면서 나는 다시금 사명을 품었고, 그 사명이 나를 일으켜 세웠다. 눈을 뜨고, 숨을 쉬고, 누군가를 다시 도울 수 있다는 사실 하나만으로도 감사했다. 그래서 가장 먼저 손을 내민 대상이 바로 '파란천사'였다.

'파란천사' 운동은 단순히 복지를 실현하는 조직이 아니었다. 나에게는 살아 있는 신앙이었고, 존재 이유이자 사명이었다. 그리고 무엇보다 파란천사란 이름 자체가 '희망을 전하는 생명의 천사'라는 뜻을 품고 있었기에, 그것은 나의 회복과도 맞닿아 있었다. 나는 다시 조직을 재정비하기 시작했다. 중단되었던 지회 활동을 다시 일으키기 위해 전국의 위원장들에게 연락을 취했고, 새로운 위원장 발굴을 위한 설명회를 조심스럽게 재개했다. 특히 지난 몇 년간 함께했던 위원장 중에서도 여전히 지역에서 자발적으로 활동을 이어가던 이들과 깊이 있는 대화를 나누었다. 그러면서 각자의 지역 상황을 점검하고 구체적인 지원 방안을 마련해 나갔다. 그 과정에서 나는 놀라운 사실을 알게 되었다. 내가 병상에 있을 때도 누군가는 어려운 이들을 돕고 있었던 것이다. 파란천사의 이름으로, 그 정신을 잊지 않고 누군가의 손을 붙잡아주고 있었던 것이다.

"이사장님, 다시 시작해요. 기다리고 있었습니다." 한 위원장의 말은 내 마음의 불씨가 다시금 타오르게 했다. 마른 장작 속에 남아있던 마지막 불씨가 다시 살아나는 듯했다. 그 한마디는 말할 수 없는 위로였고, 다시 시작할 수 있다는 확신을 주었다. 전국 각지에서 모인 위원장들과 함께한 첫 번째 비공식 간담회. 많은 이들이 함께하지 못했지만, 그 자리는 뜨거웠다. 눈빛만 봐도 알 수 있었다. '아, 이들은 여전히 살아 있구나.' 파란천사의 불씨는 꺼지지 않았던 것이다. 그날의 간담회는 나에게 다시 살아 숨 쉬는 복지 운동의 생생한 맥동을 느끼게 해주었다.

그 이후로 파란천사는 다시 피어나기 시작했다. 온라인과 오프라인을 병행한 정기 회의, 생명에너지건강지원센터와 연계된 건강 나눔 행사, 그리고 취약계층을 위한 긴급 지원 프로젝트 등 실질적인 활동들이 이어졌다. 나는 이 모든 과정을 직접 기획하고 조율하며 '이 운동은 살아 있다'라는 것을 내 손끝으로 느꼈다. 물론 예전처럼 하루에 몇 지역을 도는 강행군은 할 수 없었다. 하지만 나는 이제 '지속 가능한 회복'이라는 새로운 전략을 세우고 있었다. 단기적 성과보다는 길게 이어지는 네트워크, 감동과 공감을 통해 사람들의 마음을 움직이는 힘, 그것이 파란천사의 진정한 방향이라 생각했다.

무엇보다 감동적인 건, 파란천사를 통해 다시 세워지는 사람들이 있었다는 사실이다. 어떤 이는 말기 암 투병 중에도 봉사 현장을 찾았고, 어떤 이는 자신의 아픔을 이겨낸 경험을 나누며 누군가의 마음을 위로했다. 그들이야말로 진짜 천사였다.

나는 그들을 바라보며 다시금 다짐했다. '이 길을 끝까지 함께 가야 한다. 내가 쓰러져도, 이 운동은 계속 살아야 한다.'

그것이 곧 내 삶의 연장선이었고, 내가 회복의 기적을 경험한 이유이기도 했다.

건강 회복은 곧 인생 회복이다

내가 병으로 고통받고, 치료와 회복을 거쳐 이 자리까지 오기까지, 참으로 많은 시간이 필요했다. 몸이 무너지면 삶이 무너지고, 마음까지 꺾이는 것이 인간이다. 하지만 그 반대도 마찬가지였다. 몸이 조금씩 회복되기 시작하자, 나는 다시 삶의 방향을 잡을 수 있었고, 멈췄던 시간이 다시 흐르기 시작했다. 내게 건강 회복은 단순히 통증을 이겨낸 것이 아니었다. 그것은 다시 삶의 중심으로 돌아와, 내 사명을 완성해 나가는 인생의 '복귀 선언'이었다.

내가 건강을 되찾기 시작하자, 주변에서의 시선도 달라지기 시작했다. 한때 황반변성으로 앞을 보지 못하고, 척추 고정 수술로 만성 통증에 시달리던 내가 이제는 밝은 눈으로 상대방을 바라보고, 안정된 걸음으로 무대에 올라 복지에 대해 말하고 있었다. "이사장님, 정말 얼굴이 좋아지셨어요.", "에너지가 넘치세요." 이런 말을 들을 때마다 나는 웃으며 대답했다. "감사합니다. 세포들이 다시 살아나고 있나 봅니다." 나는 이 경험을 혼자만의 은혜로 남기고 싶지 않았다. 그래서 전국의 파란천사 임원들과 함께 나누기로 마음먹었다.

생명에너지건강지원센터를 기반으로, 파란천사들이 각 지역마다 '건강 회복 사명자'가 될 수 있도록 교육을 시작했다. 처음에는 주 1회 목요일 하루를 진행했다. 전국에서 위원장들이 모여 센터를 견학하고 직접 BOB 효소식과 양자 주파수 체험을 하며 건강 회복의 흐름을 배우고 체험했다. 그들은 나처럼 고통을 겪은 사람들에게 한 사람 한 사람 다가가며, 희망의 메시지를 전하는 역할을 수행해 주었다.

가장 인상 깊었던 순간 중 하나는, 서울 강서구에서 활동하시는 70대의 위원장님이셨다. 당뇨로 고생하시면서 혈당 조절을 위해 약을 드시고 계셨다. 임원들이 모이는 날 BOB 효소에 대한 설명을 듣고 한 달 분을 가져가 일주일을 드신 후 카톡으로 문자를 보내오셨다. 효소 식사를 하면서 매일 아침 공복 혈당을 체크하는 데 정상 수치로 계속 나온다는 것이다. 그래서 감사의 글을 보내온 것이다. 생명에너지건강지원센터를 개관하고 처음 설명회에서 파란천사 임원들 가운데 BOB 효소를 드신 분이 효과를 봤다는 최초의 체험 사례였다. 그것은 우리가 만든 이 공간이 실제로 사람들의 삶을 바꾸고 있다는 강력한 증거였다. 나는 그 순간을 잊을 수 없다.

"건강 회복은 곧 인생 회복이다." 이 한 문장이 내 가슴에 깊이 박혔다. 그리고 이 문장은 이후 센터의 공식 슬로건으로 사용되기 시작했다. 건강을 회복하는 것은 단지 병을 이기는 것이 아니라, 삶을 다시 살아갈 힘을 되찾는 것이며, 새로운 꿈을 꾸게 하는 시작이기 때문이다. 이제 센터는 일반인을 대상으로 주 3회 월, 수, 금 오후에 초청 세미나를 하고 있다.

우리 사회에는 여전히 수많은 이들이 통증과 질병, 그리고 삶의 무게에 눌려 하루하루를 버티며 살아가고 있다. 그들에게 필요한 것은 비단 약이나 병원의 치료만이 아니다. 누군가가 다가와 "당신도 다시 살아날 수 있어요."라고 말해주는 단 한 번의 경험, 그것이야말로 회복의 첫 단추가 될 수 있다. 나는 생명에너지건강지원센터를 통해 그 단추를 채워주고 싶다. 그리고 파란천사를 통해 이 운동이 전국으로 퍼져나가길 소망한다.

생명 회복은 돈이 아니라, 마음에서 시작되는 것임을 함께 전하고 싶었다. 그래서 우리는 '질병에서 사명으로'라는 이름의 강연회를 열었고, 전국 파란천사 임원들이 이 이야기를 각 지역에 전달하기 시작했다. 결국 내가 건강을 되찾은 이유는 단 하나였다. 다시 사명을 이루기 위함이었다. 누군가는 묻는다.

"지금까지 그렇게 아팠는데도, 왜 여전히 재단 일을 하세요?"

"내가 살았으니, 그 생명은 나만의 것이 아닙니다. 누군가를 위해 써야만 합니다."

나는 이렇게 대답한다. 그것이 내가 받은 생명을 제대로 사용하는 길이라 믿고 있다.

통증 속에서 피어난 사명의 불빛

삶이란 단순히 숨을 쉬는 것으로 완성되지 않는다. 고통을 마주하고, 그 고통의 의미를 되새기며 다시 일어설 수 있을 때라야 비로소 진짜 삶이 시작된다는 걸 배웠다. 나에게 있어 '회복'이란 단지 통증이 사라지고, 시야가 밝아진 것을 의미하지 않는다. 그것은 '다시 사명을 향해 걸을 수 있는 힘'을 되찾은 것이었다. 질병과 싸우는 시간 동안 나는 수없이 쓰러지고, 또 일어섰다. 눈동자에 주사 바늘이 찔리는 공포도 견뎠고, 수술 후 밤마다 나를 휘감던 통증도 견뎌냈다. 몸속에 박힌 철심은 단순한 수술의 흔적이 아니라, 매 순간을 인내하며 살아낸 나의 증거였다. 하지만 그 모든 과정 속에서 내가 끝내 놓지 않았던 단 하나는 바로 '누군가에게 도움이 되고 싶다'라는 마음이었다.

내가 살아 돌아왔다는 건 나 혼자만을 위한 일이 아니다. 내게 주어진 생명은 누군가의 고통을 덜어주고, 절망을 희망으로 바꿔줄 사명을 감당하게 하는 것이었다. 그래서 나는 다시 파란천사 운동을 꺼내 들었다. 이전보다 더 깊은 확신과, 더 단단한 발걸음으로. 파란천사는 단순한 조직이 아니다. 이름 없는 영웅들이 모여 각자의 자리에서 누군가의 삶을 바꾸는 일을 묵묵히 실천하고 있는 사랑의 공동체이다. 어느 한 사람의 손을 잡아주고, 어느 한 가정의 희망이 되어주는 그 움직임이 지금, 이 순간에도 대한민국 곳곳에서 퍼지고 있다. 나는 그들을 위해 다시 걷기로 결심한 것이다.

내 몸이 건강해지자, 마음도 더 넓어졌고, 시야도 더욱 멀리 보이기 시작했다. 전국 각지에 생겨난 파란천사 지회를 직접 방문하며 나는 다시 예전의 나로 돌아가는 듯한 느낌을 받았다. 하지만 그것은 단순한 회귀가 아니라, 더 깊은 성찰을 지나 새롭게 거듭난 나였다. 재단 2층에 마련한 생명에너지건강지원센터는 이제 내가 만난 회복의 통로를 더 많은 이들에게 열어주는 공간이 되었다. 주파수 체험실, BOB 효소 체험존, 건강 세포 상담실, 그리고 희망의 교육장이 함께 있는 이곳은 누구든 찾아와 자신의 회복을 꿈꿀 수 있는 살아있는 복지의 현장이다.

나는 지금도 계속 회복하고 있다. 때로는 피곤하고, 통증이 다시 고개를 들 때도 있다. 그러나 이제는 분명코 알고 있다. 이 고통마저도 누군가의 삶에 다가가기 위한 통로가 될 수 있다는 것을. 사람들이 나를 보고 '기적'이라 부를 때, 나는 조용히 고개를 젓는다. 나는 단지 나에게 주어진 고통을 외면하지 않고, 정면으로 바라보았을 뿐이다. 그리고 그 고통 너머에 누군가의 눈물, 누군가의 손길이 있다는 것을 알았기에 나는 오늘도 걷는다. 사명을 향해, 회복과 희망의 길을 향해. 파란천사의 기적은 지금, 이 순간도 계속되고 있다. 어딘가에서 누군가가 다시 걸을 수 있는 용기를 얻고, 다시 삶을 사랑할 수 있는 마음을 되찾고 있다. 그리고 그 여정의 끝에는 반드시 누군가의 따뜻한 손길이 기다리고 있다. 나는 이제 확신한다.

질병이 나를 꺾지 못했던 이유는, 그 아픔 속에서도 멈추지 않고 나아갈 사명이 있었기 때문이다. 그리고 그 사명을 향해 걷는 지금 이 길이야말로, 나에게 주어진 가장 값진 인생의 선물이다.

복지를 넘어서
－생명을 디자인하다

건강이 회복되면 눈빛부터 바뀐다.
세상에 대한 시선이 달라지고,
다시 살아보고 싶다는 마음이 피어난다.

고통이 머문 자리에 회복이 시작되다

나는 누구보다 잘 안다. 병원에서의 기다림이 얼마나 길게 느껴지는지, 처방전 한 장에 담긴 희망이 얼마나 간절한지를. 나는 오랫동안 병원과 대체치료, 각종 건강식품 속에서 헤매던 시간을 지나 이제 다시 사람을 만나고, 몸으로 말할 수 있게 되었다. 그리고 그 회복의 바탕에는 누군가에게 꼭 들려주고 싶은 이야기가 있다.

내가 이 공간, 생명에너지건강지원센터를 만든 이유는 오직 '지속 가능한 회복'을 위해서다. 그것은 내 몸속에 깃든 고통과 회복, 좌절과 기적이 고스란히 흘러 들어간 진심의 공간이었다. 주파수 의료기를 통해 황반변성의 실명 위기를 넘기고, BOB 효소를 통해 만성 통증과 세포 재생을 경험한 그 과정에서, 이러한 치유의 기회를 나 혼자만의 회복으로 받아들일 수만은 없었다. 나의 건강이 회복된 만큼, 다른 이들의 회복 또한 내가 감당해야 할 사명이라 여겼다. 그래서 결정했다. 재단 본부 2층, 수년간 재단 직원들과 함께 땀과 눈물을 흘리며 일하던 공간을 모두 비우고, 이곳을 질병으로 신음하는 사람들에게 내어 주자고. 나는 책상과 서류장을 정리하면서도 망설이지 않았다. 그 공간을 회복의 가능성과 희망의 도구들로 다시 채우게 되었기 때문이다.

주파수 체험실, 양자에너지 체험공간, 세포 건강 측정기기, 그리고 BOB 효소를 경험할 수 있는 상담존까지. 이 모든 시설은 오직 단 하나의 목적을 위해 존재한다. '건강을 되찾게 하자. 누구든, 어떤 질병이든.' 그런데 내가 그랬듯이 처음 센터를 찾는 사람들의 얼굴에는 불신과 두려움이 서려 있었다. 하지만 몇 번의 체험을 통해, 그리고 나의 진심을 담은 이야기를 들으면서 그들의 눈빛은 변화했다. "정말 이런 곳이 있다니 믿기지 않아요.", "여기 오기 전까지는 포기하고 있었어요." 그러한 말 한마디 한마디가 내게는 살아있는 증언으로 다가왔다.

특히 기억에 남는 방문자는 췌장암으로 32번의 항암치료를 받고 있는 분의 이야기였다. 그분은 항암치료를 한 후에 병원과 가까우니 그냥 '한번 들러보자'라는 마음으로 센터의 문을 들어섰다. 그러나 BOB 효소를 드시면서 암 수치가 떨어지고 백혈구가 늘어나며 좋아졌다. 지금도 BOB 효소와 함께 암을 회복하기 위하여 틀어진 세포의 질서를 바로 잡아가고 있다. 병원에서 다시 진단을 받았을 때, 점점 좋아지고 있으며 회복이 되고 있다는 소식을 전해 들었을 때 나는 세포를 살리면 어떤 질병이든 회복이 된다는 확신을 가지게 되었다. 그러면서 다시 한번 마음을 다잡아 보았다. '이 일은 내 남은 생의 사명이다. 그들의 마음까지도 다독이는 진심이 담긴 공간이어야 한다!'

오늘도 나는 어김없이 건강지원센터의 문을 연다. 누군가는 지팡이를 짚고, 누군가는 가족의 손을 붙잡고 문을 들어선다. 그들에게 이 공간은 단순 체험장이 아닌 '희망의 문'이 되어야 한다. 내가 살아낸 이야기가, 이제는 그들의 삶을 비추는 등불이 되기를 바란다. 그렇기에 나는 멈추지 않을 것이다. 내 고통으로 증명한 회복의 가능성이 세상을 따뜻하게 적시도록, 나는 오늘도 센터의 문을 열고 그들에게 말한다.

"환영합니다. 이제부터 건강을 되찾는 여정이 시작됩니다."

BOB 효소, 세포를 깨우는 식사

건강을 회복하는 여정에서 나에게 결정적인 전환점을 가져다준 것은 단연 BOB 효소 식사였다. 그것은 단순한 건강기능식품이 아니었다. 내 몸에 필요한 진짜 에너지를 공급하고, 고통을 견디던 나날 속에 새로운 활력을 불어넣은 생명의 식사였다. BOB 효소는 눈으로 보기엔 평범한 분말 스틱이지만, 그 안에는 곡물과 채소, 과일, 해조류, 버섯 등 자연 그대로의 원료 120여 종이 담겨 있다. 대사 효소와 소화 효소의 균형, 그리고 과학적 배합을 통한 세포 에너지 활성화 설계—이 모든 것이 각각 스틱에 농축되어 있다.

처음에 나는 반신반의했다. '효소로 몸이 회복된다고? 단순한 유행어 아닌가?' 그러나 며칠 후 그런 의심이 말끔히 사라졌다. 아침에 눈을 뜨면 무겁기만 하던 머리가 맑아졌고, 쉽게 피로해지던 몸이 한결 가벼워졌으며, 무기력하게 느껴지던 하루가 조금씩 활력 있는 일상으로 바뀌어 갔다.

효소 식사는 단순한 영양섭취가 아니었다. 세포의 언어를 이해한 과학적인 결과물이다. 사람의 몸은 매일 수십억 개의 세포가 죽고, 새롭게 만들어진다. 그 과정에서 필요한 것은 균형 잡힌 영양과 에너지의 공급이다. BOB는 바로 그 빈틈을 메워주는 열쇠였다.

나는 궁금해졌다. '이렇게 과학적이고 효과적인 제품을 누가 만들었을까?' 그리고 BOB 효소를 개발한 오문수 대표이사를 만나게 되었다. 그는 조용하고 따뜻한 인상의 소유자였다. 겸손했고, 말수도 많지 않았다. 하지만 그의 눈빛은 강했다. 자신이 만든 제품에 대한 자부심이 아니라, 그 효소를 통해 수많은 사람들이 질병의 고통에서 회복된 것을 본 사람만이 가질 수 있는 신념의 눈빛이었다.

오 대표는 이렇게 말했다. "이 제품은 원래 제 어머니를 위해 만든 거예요. 당뇨 합병증으로 고생하셨고, 아버지도 간으로 여러 차례 입원하셨죠. 당시 저는 연구소장이었고, 박사들과 함께 효소의 힘을 연구하며 하나의 가설을 세웠습니다. '세포가 회복되면 질병은 사라진다.'라는 믿음이었어요."

그 말에 나는 고개를 끄덕일 수밖에 없었다. '몸이 낫는 것이 아니라, 세포가 먼저 살아나야 몸이 회복된다.'라는 말에 공감했기 때문이다. 그는 BOB 효소를 어린아이부터 노인까지, 질병 유무에 관계없이 누구나 장기 복용할 수 있도록 설계했다고 한다. 그 개발 철학은 제품 하나하나에 스며들어 있었다. 무색소, 무방부제, 무첨가물. 몸에 해가 될 수 있는 성분은 철저히 배제하고, 세포가 필요로 하는 구성 요소만을 정밀하게 배합했다.

BOB 효소 식사는 총 7종의 제품으로 구성되어 있다. 스틱형 분말 효소 5개는 각각 소화, 대사, 회복, 에너지, 면역 활성화를 담당하며, 두 가지 액상 파우치인 바이오 포션(Bio Potion)과 헬스 포션(Health Potion)은 각각 장 흡수력 강화와 간 기능 회복 및 피로회복을 촉진한다. 그리고 여기에 추가된 것이 바로 비오에이드(황산마그네슘과 글루콘산마그네슘의 이상적 비율로 구성된 미네랄 제품)이다. 이 제품은 세포에 전달되는 효소의 기능을 극

대화시키며, 체내 순환을 도와 세포 에너지 전환율을 끌어올리는 역할을 한다. 나는 하루 두 끼씩 효소 식사를 섭취하면서 내 몸이 세포 단위에서 깨어나는 감각을 처음으로 느꼈다. 속이 편안해지고, 숙면할 수 있게 되면서 무거웠던 다리가 가벼워지고, 몸의 움직임도 자연스러워졌다. 이것은 단순히 컨디션이 좋아진다기보다는 내 몸의 언어가 바뀌고 있다는 신호였다. 그 변화는 질병이 물러가고 있다는 몸의 말이었고, 생명이 회복되는 세포의 노래였다.

생명은 식탁에서 시작된다

우리는 하루 세 끼를 먹으며 살아간다. 바쁘다는 핑계로 끼니를 거르기도 한다. 나 역시 수십 년간 그런 삶을 살아왔다. 바쁜 일정 속에서 과자나 빵, 간단한 패스트 푸드로 끼니를 대신하며 살아온 날들이 얼마나 많았던가. 하지만 지금에 와서야 깨닫는다. 삶을 유지하기 위한 식사와 생명을 회복하기 위한 식사는 분명히 다르다는 것을.

내가 처음 BOB 효소를 접했을 때, '이걸로 한 끼 식사가 가능하겠어?'라는 당연한 의구심이 있었다. 뭔가 부족할 것 같고, 허기가 질 것 같은 느낌. 그러나 실제로 BOB 효소 식사를 체험해 보며 완전히 새로운 경험을 하게 되었다. 컵 하나에 담긴 그 분말과 액상, 그리고 미네랄 한 숟가락은 그저 '제품'이 아니라 세포의 아침이었고, 내 몸에 생명을 불어넣는 시작이었다. 하루 한 끼, 두 끼씩 BOB 식사를 해가노라니 놀라운 변화가 찾아왔다. 공복감은 전혀 없었고, 오히려 기존 식사를 했을 때보다 포만감이 더 오래갔다. 장이 편안해지고, 속이 더부룩하거나 체하는 일이 사라졌다. 눈은 더 밝아졌고, 손끝과 발끝의 차가운 감각도 온기를 되찾았다. 그리고 그 어느 때보다 정신이 맑아졌다. 마치 내 안의 모든 세포가 깨어나는 느낌이었다.

BOB 효소는 단순한 영양보충제가 아니었다. 그것은 내 세포를 위한 필수 연료였다. 사람은 음식으로 살아가지만, 세포는 에너지로 살아간다. 그리고 그 에너지의 본질은 효소가 만드는 생명 리듬에 있다. 몸에 흡수된 효소들은 각 기관을 활성화시키고, 소화 작용을 도와주며, 해독과 재생이라는 우리 몸의 정화 시스템을 움직이게 만든다. 그런데 일반 식사에서 이러한 효소들을 충분히 얻는 것은 사실상 불가능에 가깝다. 조리 과정에서 대부분 파괴되기 때문이다. 그래서 BOB는 효소 그 자체를 품었다. 스틱에 담긴 5가지 분말 효소는 각기 다른 기능을 담당하는 정밀한 설계를 가지고 있었고, 두 가지 액상 파우치는 흡수력을 높여주는 조력자였다. 여기에 더해진 비오에이드 마그네슘 미네랄은 세포의 수용성을 높이고, 전체 균형을 잡아주는 완성자 역할을 했다.

나는 매일 아침, 내 식탁 위에 컵 하나를 올려놓는다. 그리고 비오포션과 헬스포션을 따라 붓고, 분말 스틱을 한 개씩 꺼내 넣는다. 마지막으로 비오에이드를 두 숟가락 넣고 부드럽게 저으면, 그것은 단순한 음료가 아니라 내 하루의 생명 처방전이 된다. 그리고 그 컵을 들고 나는 스스로에게 얘기한다. "오늘도, 내 몸이 다시 태어난다."

BOB 효소 식사는 소수의 '특별한 사람만을 위한 것'이 아니다. 당뇨병 환자든, 위장질환 환자든, 심지어 암 투병 중인 사람까지도 아무 부담 없이 섭취할 수 있도록 설계된 식사이다. 그것은 바로, 누구나 '안전하게' 생명을 회복할 수 있는 길로 함께 나아갈 수 있다는 뜻이다. 실제로 센터에 오는 많은 사람들은 이렇게 얘기한다.

"이사장님 처음엔 반신반의했어요. 그런데 일주일 먹어보니 몸이 가볍고 숙면이 와요."

"장 기능이 정말 좋아졌어요. 평소 배에 가스가 차서 불편했는데 거짓말처럼 사라졌어요."

"간 수치가 높아서 약을 먹었는데, 지금은 정상 수치예요."

이런 이야기들이 입에서 입으로 퍼지며, 나는 더욱 확신을 가지게 되었다. 질병과 싸우는 것보다 더 중요한 건, 세포가 스스로 회복할 수 있도록 도와주는 일이라는 사실을. BOB 효소는 바로 그런 도구였다.

이제는 단순한 제품이 아니라, 내가 회복되었듯이 누군가를 회복시킬 수 있는 생명의 수단이 되었다. 그렇기에 나는 이 식사를 파란천사 운동의 새로운 축으로 삼기로 했다. 건강을 잃어버린 이들에게 희망을 줄 수 있다면, 질병으로 삶의 의지를 잃어가는 사람들에게 "당신도 회복될 수 있습니다."라고 말할 수 있다면, 이보다 더 가치 있는 일이 어디 있겠는가. 그래서 나는 믿는다. 생명은 식탁에서 시작된다고. 그리고 그 식탁 위의 한 컵이, 누군가의 삶을 완전히 바꿀 수 있다고.

BOB 효소가 일으킨 또 하나의 기적 – 김민수 어르신 이야기

서울시 용산구에는 지역을 위해 한평생 봉사하며 살아온 한 어르신이 계시다. 올해 일흔여덟을 맞은 이 어르신은 젊은 시절부터 지역사회와 복지단체를 위해 헌신해 온 분으로, 주민들 사이에서는 '용산의 천사'라는 별칭으로 불린다. 키 170cm의 준수한 체격을 가졌지만, 체중은 겨우 56kg에 불과했다. 겉보기도 마른 몸에 근육이 없고, 건강 또한 늘 위태로운 상태였다. 그 어르신은 선천적으로 알레르기 반응이 극심한 체질이어서, 채소를 제외한 대부분의 음식에 알레르기 반응을 일으키곤 했다. 고기류는 물론이고 해산물, 유제품, 심지어 과자나 음료까지도 섭취하면 온몸이 부풀고 호흡 곤란 증세까지 동반되어 응급실로 실려 가는 일이 여러 차례였다. 특히 돼지고기나 술은 어르신의 건강에 치명적인 영향을 미쳤다. 용산 지역에서 오래 사신 분들은 모두 알고 있다. "그 어르신은 고기나 술 한 잔만 잘못 드시면 바로 병원으로 실려 가야 돼요." 마치 금기처럼 지켜야 할 철칙이었다.

그런 어르신이 노년에 들어서 가장 힘들어한 것은 무릎 통증이었다. 나이를 먹으며 관절은 더 약해졌고, 매일 아침 눈을 뜨면 무릎이 아파 한참을 앉아 있어야만 움직일 수 있었다. 병원에선 퇴행성 관절염 진단을 내렸고, 매일 물리치료를 받아야만 일상생활이 가능했다. 하지만 돌아서면 또 통증이 찾아왔고, 걷는 자세는 점점 더 불안정해지며 늘 다리를 절며 걸었다. 그런 어르신에게 인생의 전환점이 찾아온 날이 있었다.

2023년 12월 7일, 서울 성북구에 위치한 생명에너지건강지원센터가 개설되었고, 평소 봉사활동을 하시는 어르신이라 나의 초대로 조심스럽게 센터를 찾았다. 센터 개관 후 첫 방문이었기에 그다지 큰 기대를 하지 않았다. 어르신에게 제공된 것은, 낯선 이름의 BOB 효소 식사였다. 처음엔 "내가 이걸 먹어도 괜찮을까?"라는 의구심이 들었지만, 센터 담당자가 '채소에서 추출된 자연 원료로 만든 생명 효소이며, 소화와 흡수에 도움을 주고 세포 재생에 필수적인 대사 효소가 들어 있다.'라고 설명하자, 어르신은 그 자리에서 조심스럽게 한 컵을 들이켰다.

놀라운 일은 그날 이후부터 시작되었다. 처음으로 아무런 알레르기 반응이 일어나지 않았다. 어르신은 몇 시간이고 긴장하며 기다렸지만, 두드러기도, 호흡 곤란도 없었다. 그리고 매일 하루 세 끼니를 BOB 효소로 식사하는 것이 일상으로 자리 잡게 되었다. 무릎 통증도 줄어들기 시작했다. 전에는 몇 걸음만 걸어도 뻐근하고 시큰했지만, 점점 계단에 올라설 때의 통증이 사라지고 있다는 사실을 실감하게 되었다.

며칠 후, 그는 용산 지역의 모임에 가셔서 함께한 일행들이 소주 한 잔을 권하자 혹시나 하는 마음에 천천히 마셨다. 그리고 또 아무 일도 일어나지 않았다. 그 모습을 본 주변 이웃들은 눈을 의심했다. "아니, 그 어르신이 술을 마시다니?" 충격에 가까운 반응이 이어졌다. 며칠 뒤에는 어르신이 마트에서 간식으로 과자도 직접 사서 드셨다고 했다. 과거엔 상상도 못할 일이었다.

"내 몸이 다시 살아나는 것 같습니다." 어르신은 그렇게 말했다. 본인의 평생 체질을 바꿔놓은 변화였다. 무릎 통증도 일상생활에 지장을 주지 않을 만큼 완화되었고, 이젠 가벼운 운동도 시도하고 있다. 무엇보다 마음이 달라졌다. 늘 신중하고 조심스러웠던 어르신의 얼굴에 자신감이 생기고, 목소리에도 생기가 돌기 시작했다. 센터를 다시 방문한 날, 어르신은 이렇게 말했다. "내가 받은 이 기적을, 다른 사람들도 꼭 경험할 수 있도록 도와야겠소." 이 이야기는 단지 한 사람의 회복 사례가 아니다.

BOB 효소가 사람의 체질과 세포에 어떻게 작용하고, 어떤 변화를 일으키는지를 생생하게 보여준 살아 있는 증거다. 우리는 종종 '기적'이라는 단어를 쉽게 쓰지만, 이 기적은 단지 운이 아니라 꾸준한 섭취와 과학, 신뢰가 만들어낸 '세포의 부활'이었다. 지금도 건강을 잃고 방황하는 수많은 이들에게 어르신의 이야기가 새로운 빛이 되기를 바란다.

암을 이긴 식탁 위의 기도 – 이수연 씨의 생명 회복 이야기

경상북도 구미시에 거주하는 이수연 씨(64세). 평생을 성실하게 살아오며 지역사회를 위해 따뜻한 손길을 보내준 그녀는 많은 이들로부터 "든든한 언니", "구미의 천사"로 불렸다. 젊은 시절에는 사회복지 활동과 지역 봉사를 쉼 없이 이어왔고, 언제나 어려운 이웃을 먼저 돌보는 이웃이었다. 하지만 그런 그녀에게 어느 날, 청천벽력 같은 소식이 전해졌다.

정기검진에서 받은 결과는 충격이었다. 의사의 진단은 당장 수술과 항암 치료가 필요하다는 것이었다. 다행히 전이된 상태는 아니었지만, 바로 수술이 필요하다는 의사의 말에 이수연 씨는 모든 일상을 내려놓고 수술대에 올랐다.

유방 절제 수술은 몸만이 아니라 마음에도 큰 상처를 남겼다. 여성으로서의 정체성이 무너지는 듯한 충격, 그리고 이어진 항암 치료의 고통은 그녀를 점점 쇠약하게 만들었다. 머리카락이 빠지고 구토가 반복되던 나날 속에서, 이수연 씨는 한 끼 식사조차 넘기기 어려운 날이 많았다. 병원에서는 영양 보충을 권했지만, 약이나 주사만으로는 도무지 회복의 기미가 보이지 않았다. 지인들의 소개로 좋다는 건강보조식품도 섭취해 보았지만, 대부분의 제품은 간에 부담이 오거나 위장에 부담이 되어, 며칠도 지속하지 못한 채 중단해야 했다. 그 무렵, 가까운 친척을 통해 'BOB 효소 식사'에 대한 이야기를 처음 들었다. 단순한 건강식품이 아니라, 우리 몸의 세포 에너지 재생을 돕는 과학적 효소 식사라는 설명이었다.

처음엔 반신반의했다. '내가 이걸 먹는다고 뭐가 달라질까?' 그런 마음으로 시작한 BOB 효소 식사. 그녀는 하루에 한 끼만, 아침 식사 대신 효소를 섞은 컵 하나로 대체하기 시작했다. BOB 효소는 기존의 건강보조식품과는 확연히 달랐다. 속이 편안했고, 위장에 무리가 없었으며, 무엇보다 점점 몸이 가볍고 따뜻해지는 느낌이 들었다. 첫 주는 그냥 '좋은 기분 탓'이라 여겼지만, 2주, 3주가 지나면서 주변에서도 '얼굴이 밝아졌다', '요즘 안색이 좋아 보인다'라는 말을 자주 듣게 되었다.

그때부터 이수연 씨는 하루에 세 끼 모두를 BOB 효소 식사로 바꾸었다. 익숙했던 밥과 반찬 대신 컵 하나에 담긴 효소 식사는 그녀의 식탁을 바꾸었고, 그와 동시에 그녀의 삶도 바꾸었다. 항암치료 후 쏟아지던 피로감이 줄었고, 식사 후 무기력함도 사라졌으며, 무엇보다 면역력이 향상되면서 감기조차 걸리지 않는 몸이 되었다. 꾸준한 혈액 검사 결과에서도 수치가 안정화되었고, 의사는 "체력과 회복력이 일반 항암 환자보다 월등히 좋다."라고 말하면서 고개를 끄덕였다.

지금 이수연 씨는 BOB 효소를 통해 다시 삶을 되찾았다고 말한다. 그리고 자신의 회복을 지켜본 가족과 친척들, 이웃들까지도 함께 효소 식사를 시작했다. 당뇨로 고생하던 오빠도, 만성 위염으로 식사를 자주 거르던 언니도, 그녀의 회복을 목격한 순간부터 "나도 그 효소 좀 먹어봐야겠다."라고 말하면서 관심을 보였다. 이제 이수연 씨의 집은 '효소 식사가 중심이 되는 집'이 되었고, 효소는 단순한 음식이 아니라 '생명을 살리는 식탁의 기도'가 되었다.

그녀는 말한다. "한 잔의 컵 안에 담긴 효소가 이렇게 큰 기적을 줄 줄은 몰랐어요. 저는 이제 매일 식사를 준비할 때마다, 저와 같은 암 환자들에게도 이 작은 기도가 전해지길 바란다고 빌어요. 식탁은 곧 생명을 살리는 제단이에요."

건강이 복지의 시작이었다

파란천사 운동이 전국적으로 확대되던 시기, 나는 한 가지 사실을 절실히 깨닫게 되었다. '건강이야말로 복지의 가장 기초라는 것', 그리고 그 어떤 사회적 지원보다도 먼저 다가서야 할 회복의 키워드가 바로 '생명력의 회복'이라는 것이었다. 아무리 정부가 물질적 도움을 주고 제도적 장치를 만들어도, 몸이 아프면 그 어떤 복지도 온전한 힘을 발휘할 수 없다.

건강하지 않은 삶은 희망을 꿈꾸기조차 어렵게 만든다. 누군가의 복지를 논하기 전에, 그 사람이 지금 '고통 없이 하루를 살아갈 수 있는가'에 대한 질문이 선행되어야 했다. 나는 황반변성으로 앞이 보이지 않던 시기를 지나며, 또한 목의 신경이 마비되어 잠조차 제대로 자지 못했던 시간을 지나며 깨달았다. 진짜 복지는 단순한 시혜나 지원이 아니라, '회복의 가능성'을 나누는 것이라는 진리를. 사람은 아프면 눈빛이 달라진다. 자신감도 사라지고, 꿈도 사라지고, 삶의 모든 색이 흐릿해진다. 반대로 건강이 회복되면 눈빛부터 바뀐다. 세상에 대한 시선이 달라지고, 다시 살아보고 싶다는 마음이 피어난다.

그래서 나는 결심했다. 복지라는 이름 아래, 건강이 가장 우선순위에 놓여야 한다고. 단순히 병원을 대신하겠다는 것이 아니었다. 이미 병원에서 치료를 끝내고도 고통이 사라지지 않는 사람들, 약을 먹어도 피로가 가시지 않는 사람들, 고통의 원인을 몰라 방황하는 사람들에게 '삶의 방향'을 바꾸어주는 것이다. 내가 먼저 회복을 경험했기에, 그 감동을 누구보다 더 잘 알고 있었다. 그 첫걸음이 재단 본부 2층에 만든 생명에너지건강지원센터였다. 이곳은 단순한 상담 공간이나 제품을 판매하는 장소가 아니라, 몸이 아픈 사람들의 눈을 바라보며 "당신도 회복할 수 있습니다."라고 격려하며 동기를 부여해 주는 공간, 그들을 위한 '회복의 베이스캠프'인 것이다.

생명에너지건강지원센터에 주파수 의료기를 설치하고 칸막이 대신 편안한 체험 공간을 만들었다. 세포를 살리는 BOB 효소를 소개하고, 양자 주파수를 체험할 수 있는 장비를 도입하며 말 그대로 '복지의 현장'을 '회복의 실험실'로 바꾸었다. 그리고 건강회복 체험을 위해 사람들이 찾아오기 시작했다. 누구는 만성 염증으로, 누구는 불면증으로, 누구는 당뇨로, 또 누구는 암 투병 중에 마지막 희망을 안고 찾아왔다. 그들 대부분은 말한다. "이제는 아무것도 기대하지 않아요."

하지만 그들의 눈동자 속에는 하나같이 '혹시나' 하는 마지막 실낱같은 바람이 담겨 있다. 나는 그런 눈빛 앞에 늘 마음이 아프다. 왜냐하면 그 마음을 너무도 잘 알기 때문이다. 나도 그랬으니까. 희망조차 품기 어려웠던 그 절망의 순간을 지나왔기에, 그들을 보면서 나의 지난날이 오버랩되는 것은 너무도 당연했다.

나는 이 공간을 단순한 센터가 아닌, '생명을 다시 디자인하는 공간'이라 부르고 싶다. 우리는 단순히 건강을 말하는 것이 아니다. "다시 살고 싶은 마음", 그것이 복지의 본질이기 때문이다. 고통에서 자유로워지고, 몸이 가벼워지며, 꿈을 다시 꿀 수 있는 몸과 마음이 만들어지는 것, 그것이야말로 내가 추구하는 건강복지의 핵심이다.

파란천사는 이제 단순한 나눔의 실천을 넘어, 질병에서 생명으로, 고통에서 회복으로, 희망 없이 살아가던 이들에게 새로운 삶의 길을 열어주는 건강 복지 운동으로 확장되고 있다. 그리고 나는 그 중심에서 말하고 싶다.

"복지는 곧 생명입니다. 건강은 복지의 첫 번째 기둥입니다!"

고통을 넘어 선한 세상으로
–건강과 복지의 통합 모델

"건강을 잃으면 삶 전체가 흔들린다."
그래서 나는 복지 이전에
건강 회복이 선행되어야 한다는 확신을 갖게 되었다.

절망 끝에서 피어난 복지의 새로운 언어

나는 오랫동안 복지를 이야기해 왔다. 경제적 어려움으로 생계가 무너진 가정을 돕고, 질병으로 고통받는 아이들에게 치료비를 전달하고, 고독 속에 지쳐 있는 어르신에게 한 끼의 따뜻한 밥상을 전해주는 일. 이것이야말로 우리가 함께 나누는 진짜 삶의 방식이라고 믿었다. 그런데 건강을 잃고 나서야 알게 되었다. 복지와 건강은 결코 분리된 두 세계가 아니라는 것을.

몸이 아픈 사람에게 복지를 말할 수 있을까? 아니, 말은 할 수 있지만, 그것이 진정한 도움이 되려면 반드시 '건강'이라는 축이 병행되어야만 한다. 복지는 누군가의 손을 잡아주는 일이지만, 건강은 스스로 일어설 수 있는 힘을 되찾게 하는 일이다. 이 둘은 서로를 향한 다리가 되어야 한다. 복지라는 이름 아래, 무수한 지원이 이뤄지고 있지만 정작 통증을 이겨내지 못하는 이들에게 그 손길은 멀게만 느껴질 수 있다. 나는 그 간극을 좁히고 싶었다. 그래서 건강 회복과 복지를 연결하는 새로운 개념의 프로젝트를 시작하게 되었다. 바로 '건강 기반 복지 네트워크'라는 모델이었다. 단순히 후원금을 전달하거나 물품을 지원하는 것이 아니라, 당사자의 신체 상태를 먼저 파악하고, 그에 맞는 건강 회복 시스템을 설계해주는 구조였다. BOB 효소식과 주파수 의료기, 양자 에너지 체험이 이 시스템의 기반이 되었다. 내가 직접 회복을 경험한 만큼, 누구보다 진심을 다해 이 모델을 구축할 수 있었다.

각 지역의 파란천사 임원들에게 교육을 시작했다. 처음엔 생소한 용어와 시스템에 다들 조심스러워했지만, 실제로 회복한 사람들의 사례가 누적되면서 신뢰가 생기기 시작했다. 울산, 횡성, 포항, 전주, 광주, 제주… 전국 곳곳에서 건강을 되찾은 사람들이 파란천사 사무국으로 감사의 메시지를 보내왔다. 어떤 이는 만성 당뇨로 발끝이 괴사 위기였고, 어떤 이는 폐암 치료 후 항암 부작용으로 고통받던 환자였다. 그들이 다시 걷고, 웃고, 가족과 식사할 수 있는 날이 온 것이다. 그때부터 나는 더 확신을 가졌다. "아, 이건 단순한 복지 시스템이 아니다. 생명을 살리는 복지, 삶의 질을 회복시키는 복지다." 그래서 나는 한국새생명복지재단의 비전을 수정했다. 단순한 기부 단체가 아니라, '건강 기반 복지 통합 시스템'을 운영하는 국내 최초의 NGO 플랫폼으로 발전시키기로 한 것이다. 물론 쉽지 않은 길이다.

기존의 복지 시스템에 건강을 연계하는 작업은 행정적으로도, 예산 구조상으로도 난관이 많다. 그러나 나는 믿는다. 이 흐름은 분명 시대가 요구하는 방향이라는 것을. 질병으로 고통받는 이들이 단순히 생활비를 받는 것으로 해결될 수 없다. 그들에게 필요한 것은 몸을 회복하고, 다시 삶을 주도할 수 있는 기회를 제공하는 복지다. 나는 오늘도 파란천사 건강 세미나에서 마이크를 잡는다. 그리고 말한다.

"여러분, 건강이 회복되면 삶이 회복됩니다. 복지는 결국, 다시 살아나게 하는 기술입니다."

그날 나는 강단 아래에서 말없이 눈물짓는 한 어르신을 보았다. 당뇨와 치매 초기 증상으로 아들과도 관계가 멀어졌다는 그분은, 강연 후 내 손을 꼭 잡고 말했다. "이사장님, 저도 살아보고 싶어요. 이젠 정말 살아도 괜찮겠다는 생각이 듭니다."

그 말이 내 심장을 때렸다. '그래, 이것이 내가 찾던 복지의 본질이다. 사람에게 다시 살아도 괜찮다는 용기를 주는 것. 그것이 진짜 복지이며, 그 중심에 건강이 있어야 한다.' 나는 이렇듯 확고한 신념을 가지고, 또 그것을 믿으며 나아가고 또 나아갈 것이다.

삶의 끝자락에서 마주한 질문, 복지란 무엇인가

아무리 복지국가를 외쳐도, 그 혜택의 그늘에 가려 보이지 않는 사람들이 있다. 정부의 복지 정책은 매년 보완되고 확장되지만, 여전히 그 혜택에서 소외된 이들이 존재한다. 그들은 수치상으로는 '문제없음'으로 기록되지만, 실상은 가장 절박한 삶의 현장에 놓인 사람들이다. 어느 날은 한 어르신이 내게 다가와 이렇게 말했다. "이사장님, 내가 정말로 힘들 때, 이 나라도, 주변 사람 그 누구도 알아주지 않네요…" 그 한마디가 내 가슴을 후벼팠다.

'누가 보살펴야 하는가?' 그 질문은 결국 나에게로 돌아왔다. 복지는 단순한 제도가 아니다. 그것은 삶의 밑바닥까지 손을 내미는 것이고, 외면받는 이웃에게 "당신은 혼자가 아니다."라고 말해주는 실천이다. 그러나 우리 사회는 아직 그 단계에 도달하지 못했다. 특히 질병으로 고통받는 사람들, 일할 수 없는 장애인, 복지 사각지대의 한부모 가정이나 조손가정의 아이들, 그리고 노년의 고독 속에서 살아가는 독거노인들. 이 모든 사람들은 시스템이 아닌, 사람의 손길을 원하고 있었다.

나는 재단을 운영하면서 그 손길이 절실한 사람들을 수없이 만났다. 어떤 이는 질병으로 울며 매일을 견디고 있었고, 어떤 이는 자식의 병원비를 감당하지 못해 절망하고 있었다. 그들의 아픔은 차마 숫자로 계산될 수 없는 고통이었다. 제도 속에선 '지원대상 외'로 분류되어 도움을 받을 수 없는 그들에게, 파란천사는 유일한 희망이었다. 내가, 우리가, 해야 할 일임이 분명하다. 특히, 건강 문제는 복지의 근간이다. 아무리 좋은 정책이라도, 몸이 아픈 사람에게는 무용지물이다. 일을 하고 싶어도 하지 못하고, 공부를 하고 싶어도 집중할 수 없는 것이 바로 건강의 문제다. 나는 그것을 직접 경험했다. 황반변성으로 시력을 잃을 위기에 처했을 때, 척추 수술로 매일매일을 고통 속에서 살아야 할 때, 나는 한 가지를 깨달았다.

"건강을 잃으면 삶 전체가 흔들린다." 그래서 나는 복지 이전에 건강 회복이 선행되어야 한다는 확신을 가지게 되었다. 이제는 단순히 식료품이나 생계비를 지원하는 수준의 복지를 넘어, 회복을 위한 실질적 프로그램이 필요하다. 건강을 되찾고, 자립할 수 있는 몸과 마음을 회복시켜야 그들의 삶도 회복될 수 있다. 그러한 의미에서 BOB 효소나 주파수 의료기는 단순한 제품이 아니라, 그들에게 '다시 살아갈 수 있는 힘'을 제공하는 도구였다. 어떤 제도보다 앞서 손을 내밀 수 있고, 어떤 법보다 빠르게 삶의 변화를 체감할 수 있는 희망의 씨앗이었다.

나는 지금도 묻는다. "당신 곁에 누가 있습니까?" 그리고 대답한다. "우리는, 파란천사는, 그 곁에 있겠습니다." 이것이 바로 내가, 우리가 걷고 있는 복지의 길이며, 이 길 위에서 다시 일어서는 이들이 늘어갈 때 비로소 우리는 '복지국가'라는 이름에 어울리는 사회를 만들어갈 수 있을 것이다.

건강과 복지, 둘은 하나여야 한다

복지를 논할 때, 흔히들 '경제적 지원'만을 떠올린다. 생계급여, 주거 지원, 교육 바우처, 긴급 의료비 등 숫자로 환산이 가능한 정책들 말이다. 하지만 진정한 복지는 숫자 너머의 영역에 있다. 내가 오랜 시간 복지 현장을 걸어오며 절감한 사실 하나는 바로 이것이었다.

건강 없는 복지는 존재할 수 없고, 복지 없는 건강도 유지될 수 없다. 결국 두 가지는 반드시 함께 가야 한다는 것이다. 내가 파란천사 운동을 시작한 것도 단순한 나눔에서 끝나지 않기 위해서였다. 몸이 아픈 이들에게는 생활비보다 먼저 필요한 것이 회복의 희망이었다. 경제적으로는 힘들지만, 열심히 살아가고자 하는 의지를 가진 이들이 통증과 질병으로 인해 무너지는 모습을 수없이 봤다. 그래서 나는 결심했다. 단순한 물질 지원이 아니라, 삶을 회복시킬 수 있는 '건강한 복지'를 실현해 보자고. 그 첫 번째 실천이 앞에서도 얘기했듯이 바로 '생명에너지건강지원센터'를 운영하는 것이다. 건강을 회복할 수 있는 정보와 기회를 누구나 쉽게 접할 수 있어야 한다는 생각에서, 재단 본부 2층을 리모델링해서 누구나 체험할 수 있는 복합 건강 공간으로 탈바꿈시킨 것이다.

효소 식사로 몸의 균형을 되찾고, 주파수 의료기로 통증을 완화하며, 양자 에너지 체험으로 세포의 생명력을 일깨우는 이 공간이 단순한 치료 공간이 아니라, '회복을 위한 복지 플랫폼'이 되기를 바랐다. 이곳을 찾은 사람들 대부분은 경제적 여유가 없었다. 병원 문턱도 넘기 어려운 이들에게 이곳은 마지막 희망이었다. 어떤 이는 뇌졸중 후유증으로 반신마비를 겪고 있었고, 어떤 이는 항암 치료 후 급격히 무너진 몸을 회복하지 못해 지푸라기라도 잡고자 찾아왔다. 그들에게 필요한 건 단 하나, "괜찮아질 수 있다."라는 믿음이었다. 나는 그 믿음을 주고 싶었다. 내가 생각하는 복지란, 누군가의 삶을 다시 세우는 일이다. 그리고 그 시작은 건강이다. 누군가의 건강을 되찾아주는 일은 곧 그의 자존감을 회복시키는 일이었고, 가족 전체의 미래를 지켜주는 일이었다. 한 사람이 회복되면, 그 사람은 다시 누군가를 도울 수 있다. 그래서 나는 건강이 단지 개인의 문제가 아닌, 공동체 전체의 생명력이라고 믿는다.

우리는 이제 새로운 복지의 시대를 열어야 한다. 돌봄의 손길은 체온만으로도 따뜻해야 하며, 회복의 지원은 몸과 마음을 동시에 살펴야 한다. 복지사나 사회복지기관의 역할도 이제는 건강을 함께 살피는 통합적 접근으로 바뀌어야 한다. 복지관 안에 체험형 건강센터가 있어야 하고, 무료 식사 제공만이 아닌, 대체 식사로서의 효소나 영양소 제공 프로그램이 운영되어야 한다. 나는 믿는다. 건강과 복지가 하나가 되는 그날, 우리 사회는 진정한 의미의 '행복한 공동체'가 될 것이다. 그리고 그 시작이, 지금, 이 순간 우리가 함께 걷고 있는 이 작은 실천 속에 있다고.

건강 없는 복지는 반쪽짜리일 뿐이다

건강과 복지를 분리해서 생각하는 시대는 이미 지나갔다. 이제는 삶의 모든 조건이 하나의 흐름으로 연결되어야 하는 시대다. 과거에는 '복지'라는 단어가 소외된 이웃을 위한 물질적 지원이나, 한정된 자원 속에서 나누어주는 구호의 개념으로 인식되었다. 하지만 내가 질병을 온몸으로 겪으며 고통 속에서 회복의 시간을 지나오고 나니, 복지는 더 이상 그런 단선적인 개념으로 설명될 수 없다는 사실을 절감하게 되었다.

나는 오랜 시간 복지 현장에서 뛰어왔다. 수많은 생계 지원, 의료비 후원, 장학금 지급, 겨울철 연탄 나눔, 여름철 쿨매트 지원, 천막 의료상담소 등 다양한 방식의 도움을 실천했다. 처음에는 이것이 최선이라고 생각했다. 그러나 어느 날부터인가, 반복적으로 도움을 받아야만 하는 이들의 얼굴을 보며 스스로에게 질문하게 되었다. "우리는 이분들을 정말 돕고 있는 것일까?" 도움은 주었지만, 그들의 삶은 여전히 고통의 자리에서 벗어나지 못하고 있었다. 문제는 해결되지 않았고, 우리는 또다시 다음 해에 똑같은 후원을 준비해야 했다. 그러던 중 내가 몸소 통증과 병마를 겪으며, 새로운 깨달음을 얻게 되었다. 회복 없는 복지는 반복일 뿐이라는 것을. 나는 이 깨달음을 '건강 복지'라는 이름으로 정의하고 싶다. 단순히 한 끼를 나누는 것이 아니라, 그 사람의 삶 전체가 다시 일어설 수 있는 기반을 마련해주는 복지. 병을 치료해주고, 몸의 균형을 잡아주며, 스스로 회복할 수 있는 능력을 길러주는 복지. 그것이야말로 진정한 복지의 완성이라고 믿게 되었다.

내 몸으로 경험한 황반변성, 척추 수술 후유증, 목 신경 마비, 반복되는 통증은 단순한 질병이 아니었다. 그것은 나로 하여금 고통받는 이들의 목소리를 더 가까이 듣게 했고, 내가 무엇을 해야 하는지 분명하게 보여주는 이정표가 되었다. BOB 효소와 주파수 치료기기를 통해 회복되는 경험을 하며, 나는 깨달았다. 세포가 살아나야 사람이 살아나고, 에너지가 돌아야 삶도 다시 움직인다는 것을. 그래서 나는 지금, 이 순간도 끊임없이 묻는다.

"무엇이 정말 필요한가?"

"누구를 향해 복지의 손길이 가야 하는가?"

그리고 그 답은 언제나 건강에 다다른다. 통증 없이 걷고, 마음껏 말하고, 스스로 식사를 하고, 웃을 수 있는 삶. 이 기본적인 조건이 갖추어질 때, 인간다운 삶도 가능해지는 것이다.

이제 나는 이 '건강 복지'라는 개념을 대한민국 전체에 퍼뜨리고 싶다. 그것은 단지 우리 재단만의 사명이 아니다. 전국의 파란천사들이 앞장서서, 자신이 속한 지역사회 곳곳에 이 정신을 전달해야 한다. 어떤 복지보다도 절실한 건강 회복의 기회를 놓치지 않도록, 단 한 사람이라도 다시 일어설 수 있도록 돕는 것이다. 질병의 고통 속에서 무너지는 수많은 이들에게, 우리는 "당신은 회복될 수 있습니다."라는 믿음을 주어야 한다. 그리고 그 믿음은 말이 아닌, '몸으로 증명된 회복 사례'로 전해야 한다.

나는 내가 살아낸 시간들이 그 증거가 되기를 바란다. 단순한 기적이 아니라, 실천을 통해 증명된 치유의 여정으로. 그래서 이 책의 한 장 한 장이, 누군가에게는 고통을 견딜 수 있는 위로가 되고, 또 다른 이에게는 다시 걷기 위한 용기가 되기를 간절히 소망한다. 건강 복지는 바로 그렇게 시작되는 것이다. 고통을 넘어, 사람을 다시 일으키는 것. 그것이 우리가 만들어 가야 할 새로운 사명이다.

파란천사, 건강과 복지의 메신저가 되다

내가 파란천사 운동을 시작할 때만 해도, 이 운동이 이렇게 커다란 의미를 지니게 될 줄은 미처 몰랐다. 처음에는 단순한 복지 봉사 네트워크의 구상이었다. 전국 곳곳에 생명을 살리는 손길을 연결하자는 생각에서 비롯된 것이었다. 그러나 내가 질병이라는 깊은 터널을 통과하면서 깨닫게 된 것은, 이 파란천사가 단지 손에 쌀을 들고 가는 사람이 아닌, 누군가의 생명을 살리고, 절망의 시간에서 그를 일으켜 세우는 '건강과 복지의 메신저'가 되어야 한다는 사실이었다.

파란천사 운동은 본질적으로 '사람을 살리는 운동'이다. 여기서 말하는 '사람'은 단지 육체의 건강만이 아닌, 마음의 생기, 삶의 희망, 존재의 존엄까지 회복되어야 하는 존재이다. 파란천사는 바로 그 회복의 통로가 되어야 한다. 나는 나의 회복 과정을 통해 그 길을 이미 지나왔다. 고통을 온몸으로 겪고, 치료에 대한 불신과 회의의 벽을 넘었으며, 기적처럼 회복되어 다시 사명을 안고 일어났다.

이제 내가 받은 생명의 선물은 나만의 것이 아니다. 파란천사들을 통해 전해져야 할 메시지이고, 사회를 향한 소명이다. 그동안 우리는 수많은 나눔을 실천해 왔다. 불우한 이웃에게 생필품을 나누고, 독거 어르신들의 따뜻한 겨울을 위해 연탄을 날랐으며, 병원비가 없어 발만 동동 구르는 환아들에게 생명의 숨결을 건넸다. 그러나 이제는 그 활동에 건강 회복이라는 결정적인 축을 더해야 한다. 통증을 이겨낸 자만이 통증 속에 있는 사람을 볼 수 있고, 절망에서 벗어난 자만이 절망 속에 있는 이에게 희망을 말할 수 있다. 그것이 바로 내가 지금 파란천사들에게 요구하고자 하는 사명의 방향이다. 파란천사는 '돕는 사람'이 아니라 '같이 사는 사람'이어야 한다.

말 한마디가 생명을 살릴 수 있고, 눈빛 하나가 삶의 방향을 바꿀 수 있다. 파란천사 한 사람, 한 사람이 그 역할을 인식하고 살아갈 때, 대한민국은 진정한 생명 공동체로 거듭날 수 있다. 그리고 그 중심에는, 단지 시혜의 마음이 아니라 '공감의 마음', '회복의 체험', '실천의 손'이 있어야 한다.

나는 앞으로 파란천사 운동의 모든 활동에 건강 복지 프로그램을 함께 결합할 것이다. 생명에너지건강지원센터의 전국 확산을 통해 BOB 효소와 주파수 의료기, 양자 에너지 체험 등을 파란천사 임원들이 직접 설명하고 안내할 수 있는 구조를 만들겠다. 각 지역의 파란천사 지회가 건강 회복의 거점이 되고, 그곳에서 진정한 치유와 나눔이 함께 이루어지게 할 것이다. 이 운동은 결코 혼자서는 감당할 수 없는 길이다. 그러나 전국 곳곳에서 건강을 회복한 수많은 사람들이 이제 봉사의 손을 내밀고 있다. 그 손이 모여 파란천사가 되고, 파란천사가 모여 한 나라의 복지 체계를 바꿔 나가는 것이다.

나는 믿는다. 이 길이 '사람을 살리는 길'이라는 것을. 그리고 우리가 지금 함께하는 이 발걸음이 누군가에게는 생명을 되찾는 기적의 첫걸음이 될 것임을.

복지는 제도가 아니라 사람이다

질병이라는 단어는 단지 몸이 아픈 상태를 의미하는 것이 아니었다. 그것은 누군가의 삶이 멈춰 서는 지점이고, 사회로부터 단절되는 경계선이며, 절망이 터를 잡는 시작점이기도 했다. 나 역시 그랬다. 눈이 흐려지고, 통증이 깊어지며, 내가 이끌던 재단마저도 손에서 놓아야 했던 그 시절, 나는 삶이라는 터널의 끝이 어둠뿐일 수도 있다는 사실을 처음으로 받아들이고 있었다. 하지만 바로 그 절망의 자리에서 나는 새로운 언어를 듣게 되었다. 그것은 '복지'라는 말이 단순한 물질 지원이 아니라, '삶을 다시 시작하게 하는 에너지'를 의미한다는 것이었다.

복지의 본질은 무엇일까? 내가 오랫동안 수많은 사람들을 도우며 내린 결론은, 복지는 '이해'와 '동행'에 뿌리를 두고 있다는 것이다. 배고픈 사람에게 밥 한 끼를 주는 것은 단순한 시혜일 수 있다. 하지만 그 사람의 삶을 들여다보고, 그의 절망을 함께 마주하며, 다시 일어설 수 있도록 손을 내밀어 주는 것, 그 것이 진정한 복지의 출발점이다. 내가 질병을 겪지 않았더라면, 나는 아마도 이 단어의 깊이를 몰랐을지도 모른다. 복지는 제도가 아니라 마음이며, 구조가 아니라 사람이다. 내가 건강을 회복하면서 복지의 언어도 달라졌다. 이전에는 '지원'이 중심이었지만, 이제는 '회복'과 '자립'이 중심이 되었다. 단지 살아가는 것이 아니라, 온전히 살아갈 수 있도록 만드는 힘. 그것이 복지여야 한다. 그래서 나는 파란천사 운동의 기조를 바꾸었다.

더 이상 '돕는다'는 말로 만족하지 않겠다. 우리는 '함께 산다', '다시 살게 한다'는 사명을 품고 움직여야 한다. BOB 효소와 주파수 치료기, 양자 에너지 체험은 단지 건강기기의 문제가 아니다. 그것은 회복의 상징이고, 생명을 붙잡아주는 도구이며, 절망을 이기는 실질적인 복지 자원이기도 하다. 나는 이것들을 단순한 상품으로 보지 않는다. 그것은 '삶을 바꾸는 매개체'이자, '복지의 새로운 언어'라고 여긴다. 우리가 이들을 통해 수많은 환자의 삶에 희망을 되찾아줄 수 있다면, 그것이야말로 파란천사가 존재하는 이유일 것이다.

나는 종종 생각한다. 과연 내가 앓지 않았더라면, 이렇게까지 이 일을 해낼 수 있었을까? 아마도, 결단코 아닐 것이다. 고통이 없었다면, 나는 여전히 과거의 방식대로만 복지를 해석하고, 일회성 행사에 그치며, 구조 속에 머물러 있었을지도 모른다. 하지만 고통이 나를 바꾸었다. 나의 언어를 바꾸고, 나의 시선을 바꾸고, 나의 손길을 바꾸었다. 그래서 나는 지금 자신 있게 말할 수 있다. '질병에서 살아난 자가 전하는 복지는 다르다.'라고. 이제 나는 복지를 말할 때, 숫자나 통계보다 먼저 사람을 떠올린다. 그 사람의 삶, 그 사람의 눈빛, 그 사람의 재도

전. 그 모든 것이 우리 재단과 파란천사가 가야 할 길의 나침반이다.

우리는 건강과 복지를 함께 말해야 한다. '아프지 않게 하는 복지', '다시 걷게 하는 복지', '삶을 다시 사랑하게 만드는 복지'. 이 새로운 언어는 앞으로의 파란천사 운동의 중심이 될 것이다. 나는 오늘도 사무실에 앉아 회의를 준비하고, 전국의 위원장들과 전화 통화를 하며, 체험관을 찾는 사람들의 이야기를 듣는다. 그리고 내 마음에 이렇게 새긴다. "복지란 고통을 겪은 자가 가장 잘 안다. 그리고 그 고통에서 살아난 자만이 진짜 희망을 전할 수 있다." 이것이 내가 살아낸 고통이 나에게 남긴 가장 위대한 선물이다.

대한민국 복지의 새로운 모델을 꿈꾸며

나는 지금도 종종 스스로에게 묻는다. "당신이 꿈꾸는 복지는 무엇입니까?" 그 질문은 단순히 제도를 말하는 것이 아니었다. 그것은 내가 걸어온 길, 넘어진 곳, 다시 일어선 자리를 되짚어 보는 내면의 울림이자, 앞으로 내가 가야 할 길에 대한 선언이기도 했다. 복지는 누군가에게는 책 속 이론이고, 누군가에게는 정책 자료집 속 숫자일 수 있지만, 나에게 있어서 복지는 '사람'이었다. 숨을 헐떡이며 내게 손을 내밀던 노숙인들의 눈빛, 병실의 창문 너머 흐릿한 빛을 바라보던 난치병 환아의

미소, 그리고 내 자신이 그 한복판에서 절망과 싸우며 다시 걸어 나온 이 경험, 바로 이러한 것들이 나의 복지관을 완전히 바꾸어 놓았다.

그렇다면 대한민국 복지는 지금 어디쯤 와 있는가. 국가의 복지 예산은 매년 늘고 있지만, 정작 복지 사각지대에 놓인 이들은 줄지 않고 있다. 복지시설은 많아졌지만, 그곳을 채우는 따뜻한 시선과 손길은 아직 부족하다. 정책은 나왔지만, 사람은 보이지 않는다. 바로 이 지점에서 나는 파란천사 운동의 가치가 빛을 발할 수 있다고 믿는다.

제도와 행정은 행정부의 몫일지 몰라도, 진심과 온기를 전달하는 일은 민간의 역할이자 사명이라는 것을 나는 누구보다 절실히 깨달았다. 그래서 나는 생각했다. "우리가 할 수 있는 복지는 무엇인가?" 단순한 기부나 행사 중심이 아닌, 삶 자체를 변화시키는 구조. 그래서 건강과 복지가 연결된 '통합적 회복 모델'이 필요하다는 결론에 다다랐다. 그것은 환자 한 사람, 가정 한 가족의 삶을 실제로 바꾸는 구조여야 했다. 그렇게 해서 등장한 것이 바로 '생명에너지건강지원센터'였다. 단순한 의료기기 체험 공간이 아닌, 삶을 되찾고 다시 일어설 수 있도록 돕는 회복의 플랫폼이었다.

BOB 효소는 그 기반이었고, 주파수 치료는 그 도구였으며, 파란천사 위원장들은 그 회복의 길을 동행하는 진정한 사역자들이었다. 내가 추구하는 복지 모델은 이렇다.

첫째, 사람 중심의 맞춤형 복지다. 우리는 종종 제도에 사람을 끼워 맞추려 한다. 하지만 진짜 복지는 각 사람의 상황과 고통에 맞춰져야 한다. 그 사람이 아픈 원인이 무엇인지, 그 가정이 왜 무너졌는지, 시간을 들여 듣고 보고 공감해야 한다. 그래야 진짜 회복이 시작된다.

둘째, 건강 회복과 자립을 연결하는 복지다. 몸이 아픈 사람은 일할 수 없다. 경제적 활동이 끊기면 빈곤은 깊어진다. 빈곤은 또다시 질병과 외로움을 낳는다. 이 악순환을 끊는 방법은 '건강'을 회복시키는 것이다. 그래서 나는 복지의 출발선을 치료로 보고 싶다. 그 치료가 반드시 병원이어야 할 필요는 없다. 우리처럼 효소 식사와 주파수, 양자 에너지와 같은 대체의학적 접근이 얼마든지 그 역할을 할 수 있다.

셋째, 지역사회 기반의 분산형 복지다. 한 명의 중앙 인물이 수백 명을 돕는 구조는 한계가 있다. 그래서 파란천사 운동은 '일만 명 위원장'과 '일만 개 위원회'라는 분산형 구조를 채택했다. 각 지역의 리더들이 자기 마을, 자기 이웃을 돌볼 수 있는 구조야말로 가장 지속 가능하고 효과적인 복지 모델이라고 확신한다. 내가 만난 수많은 고통의 사람들, 내가 직접 겪은 통증과 좌절의 시간들은 나에게 이 사실을 온몸으로 가르쳐주었다.

나는 파란천사 운동이 단순한 민간 차원의 봉사 운동을 넘어 대한민국 복지의 새로운 패러다임이 되기를 꿈꾼다. 파란천사는 단지 어려운 이웃을 돕는 손길이 아니라, 세상의 고통을 함께 짊어지는 사람들의 연대이며, 개인의 회복이 공동체 전체의 회복으로 이어지는 마중물이다. 그리고 나는 이 운동이 반드시 세계로 나가야 한다고 믿는다. 고통은 어느 나라에나 있다. 질병과 외로움은 국경을 가리지 않는다. 그렇다면 우리가 시작한 이 복지의 불씨가 한국을 넘어 지구촌 곳곳으로 번져 가야 할 이유는 너무도 분명하다. 회복을 경험한 자가 전하는 복지는 절실하며 진실하다. 나는 바로 그 살아 있는 증거다.

세상의 고통에 응답하는 이름, 파란천사

파.란.천.사.

이 네 글자는 단순한 명칭이 아니다. 그것은 '세상의 고통에 응답하겠다'라는 나와 우리 모두의 결단이며, 우리 사회에 가장 필요하고 따뜻한 언어 중의 하나이다. 나는 이 이름을 처음 정할 때, 단순히 이미지가 좋고 기억에 남기 쉬워서 선택한 것이 아니었다. '파란'이라는 색은 생명을 상징하는 깨끗한 하늘과 우주 만물의 색이었고, '천사'는 말없이 돕고 기꺼이 자신을 내어주는 선한 마음을 가진 이들의 상징이었다. 나는 그런 존재가 되고 싶었다. 그리고 그런 존재들이 전국 곳곳에서 함께 움직이기를 꿈꾸었다. 파란천사 운동은 단순한 봉사단체가 아니다.

우리는 '사람을 살리는' 실천적 연대다. 누군가는 굶주림으로, 누군가는 병으로, 또 누군가는 외로움과 절망으로 오늘을 버텨낸다. 그런 이들에게 파란천사는 "당신 혼자가 아닙니다."라는 말을 가장 먼저 전하고, 손을 내밀어 일으켜주는 사람들이다. 우리 위원장 한 사람, 한 사람이 모두 현장에서 직접 만지고 느끼고 돕는 사람들이다. 우리 파란천사 운동의 진짜 감동은 수치나 기록이 아닌, '이름 없는 작은 기적들'에서 피어난다.

나는 종종 생각한다. '과연 지금, 이 순간에도 누군가는 고통으로 하루를 버티고 있지 않을까?' 그리고 마음속에서 파란천사들의 얼굴이 떠오른다. 누구는 퇴근 후 혼자 노숙인을 위한 도시락을 싸며, 누구는 아픈 어르신의 손을 잡고 병원에 동행하며, 또 누구는 자신의 수입 일부를 매달 기꺼이 기부하고 있다. 이 모두가 '사명'을 품은 사람들이며, 내가 혼자가 아니라는 믿음을 주는 동지들이다. 하지만 이 운동은 하루아침에 만들어지지 않았다. 나는 그 기초를 내 통증과 절망의 자리에서 쌓았다. 척추의 철심이 나를 일으켜 세운 버팀목이 되었고, 황반변성의 어둠 속에서도 희망은 꺼지지 않았다. 그러한 개인적인 고통을 뚫고 일어났기에 나는 '회복'의 진짜 의미를 안다. 그래서 더욱더 절실했다.

'건강을 잃고 나서야 건강의 가치를 아는 이들'에게, 지금, 이 순간 고통의 심연에 있는 이들에게 우리가 함께해야 한다는 확신이 생겼다. 이제 파란천사는 한 사람의 손에서 시작되어 전국으로 뻗어가고 있다. 위원장 일만 명, 위원회 일만 개, 이 숫자는 단지 목표가 아니다. 그것은 고통받는 수많은 생명들을 향해 가는 희망의 숫자이다. 그리고 나는 믿는다. 우리가 힘을 모은다면, 우리 국민 20%가 파란천사로서 함께하게 되는 그날, 우리 대한민국은 완전히 달라질 것이다!

　10월 4일. 우리가 파란천사 기념일로 삼은 그날은, 단순한 날짜가 아닌 대한민국 복지의 새로운 이정표가 될 것이다. 그리고 언젠가 이날이 '천사의 날'이라는 이름으로, 국가기념일로 지정되는 꿈을 나는 꾸고 있다. 사람들은 가끔 묻는다. "왜 그렇게까지 애쓰시나요?" 그러면 나는 그저 말없이 웃는다. 내 삶을 통틀어 가장 힘들었던 순간에, 나를 살게 한 건 누군가의 '작은 손길'이었기 때문이다. 누군가 나를 믿어주었고, 누군가 나를 기다려주었고, 누군가는 말없이 내 손을 잡아주었다. 그리고 이제는 그 누군가가 내가 되어야 한다고 믿는다.

　파란천사. 이 이름을 부를 때마다 나는 결심한다. 내가 받은 사랑을, 받은 은혜를 이제는 나누며 살아가야 한다고. 그것이 진정한 복지요, 그것이 바로 삶을 살아가는 이유이며, 내가 고통 속에서 찾아낸, 진짜 사명이다.

에필로그

나는 오늘도 건강지원센터의 문을 열며 생각한다.
이곳은 누군가의 인생을 되살리는 '부활의 공간'이자,
절망 속에 놓인 사람들에게
다시 "당신도 살 수 있습니다!"라고 말해주는
희망의 출발점이다.

이제는, 말할 수 있다

한때는 어둠뿐이었다. 한 줄기 빛조차 없던 터널 끝에서 나는 스스로에게 물었다. '나에게 왜 이런 고통이 닥친 것일까?'

하지만 이제는 안다. 그 질문에 담긴 답은, 내가 겪은 고통 자체가 누군가에게 길이 되기 위해서였다는 것을.

척추 수술의 절망에서 황반변성으로 실명 위기를 마주했던 나의 시간은 한 사람의 인생을 송두리째 바꾸는 고통이었지만, 지금 돌아보면 그 모든 여정은 '회복'이라는 커다란 선물을 받기 위한 과정이었다. 그리고 나는 그 회복을 BOB 효소와 주파수 의료기라는 새로운 생명의 열쇠를 통해 이뤄냈다.

이제 나는 깨달았다. 고통은 결코 끝이 아니라 시작이라는 것을. 내가 받은 은혜와 치유가 나 하나로 머물러선 안 된다는 것을. 나의 회복은 곧 사명이 되었고, 그 사명은 '파란천사 운동'이라는 이름 아래 수많은 이들을 살리는 생명의 물줄기가 되어 흘러가고 있다.

내가 만난 수많은 환자와 고통 속의 사람들은 내게 한 가지 공통된 질문을 한다. "이사장님, 정말 나도 회복될 수 있을까요?"

나는 이제 흔들림 없이 대답할 수 있다. "네, 회복될 수 있습니다. 저처럼요."

생명을 잇는 길 위에서

파란천사는 더 이상 단체가 아니라, 운동이며, 문화이며, 생명을 살리는 사랑의 실천이다.

누군가는 눈으로, 누군가는 다리로, 또 누군가는 암으로 고통받지만, 모두가 회복될 수 있다는 소망의 불씨를 우리가 나눌 수만 있다면 이 길은 반드시 의미 있는 길이 되리라.

나는 오늘도 건강지원센터의 문을 열며 생각한다. 이곳은 단순한 건강 체험장이 아니다. 이곳은 누군가의 인생을 되살리는 '부활의 공간'이자, 절망 속에 놓인 사람들에게 다시 "당신도 살 수 있습니다!"라고 말해주는 희망의 출발점이다.

내가 걸어온 길은 쉽지 않았다. 그러나 그 길이 있었기에 오늘 이곳에서 다시 누군가를 맞이하고, 눈을 마주치고, 따뜻하게 손을 잡을 수 있다.

이 길은 이제 나 혼자 걷는 길이 아니다. 수천 명의 파란천사들이 함께 걷고 있고, 앞으로 수만 명의 생명들이 이 길 위에서 다시 웃게 될 것이다.

내가 다시 걷게 된 이유는 단 하나. 사명을 다하기 위함이었다. 나의 남은 인생은 누군가의 눈물이 닦이는 곳에 함께 서는 것이다.

이 책을 통해 한 사람이라도 회복의 가능성을 발견하고, 고통 속에서도 다시 일어설 힘을 얻게 된다면, 나는 오늘도 이 길을 걷기를 망설이지 않겠다.

한국새생명복지재단 설립 취지와 파란천사 운동의 전개

복지는 시혜가 아니라 함께 걷는 동행이며,
구조는 기적을 현실로 만드는 길이다.

어둠 속에서 피어난 결심: 한국새생명복지재단의 설립 동기

나는 오랜 시간 국제라이온스클럽의 일원으로 활동하며, 어려운 이웃을 위한 봉사에 참여해 왔다. 김장을 담그고, 연탄을 나르며, 장학금을 전달하는 다양한 활동을 통해 누군가에게 도움을 주는 삶에 보람을 느껴왔지만, 어느 순간 스스로에게 물었다. '과연 우리의 봉사가 그들의 삶을 진정으로 변화시키고 있는가?'

그 질문은 내가 라이온스클럽 회장직을 맡게 되면서 본격적인 행동으로 이어졌다.

나는 단순한 행사가 아닌, 진짜 도움이 필요한 '우리 사회의 사각지대'를 직접 찾아가 보기로 했다. 그렇게 해서 시작된 나의 여정은, 대한민국 수도 서울 한복판에서 눈물 나는 현실과 마주하는 순간의 연속이었다.

서울 사대문 안, **빽빽이** 들어선 고층 빌딩 뒤편에는 좁디좁은 쪽방촌이 숨어 있었다. 그곳엔 두 평도 되지 않는 방에서 찬바람을 맞으며 살아가는 독거노인들이 있었다. 라면 하나로 끼니를 때우며, 난방조차 되지 않는 공간에 누더기 이불을 뒤집어쓰고 살아가는 어르신들의 모습은, 도시의 화려함 속에 감춰진 '소외된 생명들'이었다. 그뿐만이 아니었다. 나는 영등포역, 서울역, 청량리역 앞에서 종이컵 하나를 놓고 생존을 위해 버티는 노숙인들의 절망적인 눈빛을 마주했다. 맨살이 드러난 허름한 옷, 얼어붙은 손끝, 말없이 고개를 숙인 그들은 우리 사회의 끝자락에 있는 이웃들이었다. 또한 희귀질환을 앓고 있음에도 치료비가 없어 하루하루 꺼져가고 있는 환아들을 보면서, 형식적인 물품 전달만으로는 그들의 삶을 바꿀 수 없다는 뼈아픈 현실도 함께 깨달았다.

나는 그들의 삶을 보며, 어느새 위만 바라보며 재벌이 되기를 꿈꾸던 내 과거와 마주하게 되었다. 성공이라는 이름에 취해 사회적 지위와 물질적 풍요만을 추구하던 내가, 이제는 고개를 숙이고 가장 낮은 곳을 바라보게 된 것이다. 그리고 그곳에서, 나는 진정한 사명을 발견했다.

'가난의 대물림은 왜 끊어지지 않는가?', '단발성의 봉사만으로는 무엇이 바뀌는가?' 이 같은 질문들에 대한 답을 찾기 위해 나는 결심했다. 진짜 회복은, 구조적인 변화에서 시작되어야 한다. 단순히 생필품을 나눠주는 것을 넘어, 사람의 삶을 근본적으로 일으킬 수 있는 실질적인 시스템이 필요하다는 확신이 생겼다. 그렇게 해서 2007년 7월 27일, 서울 세종문화회관 세종홀에서 '한국새생명복지재단'이 탄생했다. 단순한 봉사를 넘어, "대한민국의 사각지대에 새 생명을 선물하는 복지의 중심"이 되고자 하는 사명을 품고서 출발의 첫걸음을 내딛었던 것이다.

현실과의 싸움: 신념으로 만든 기적

그러나 시작은 결코 순탄치 않았다. 나는 사업을 하며 번 수익 중 일부를 따로 떼어, 복지사업을 전문으로 맡길 별도의 단체를 설립하려 했다. 그리고 그 단체를 운영할 전문가와 직원들을 채용해 체계적인 복지 시스템을 만들고자 했다. 내가 직접 뛰는 대신, 전문가들이 전문성 있게 운영하는 방식으로 빈곤계층을 도울 수 있다고 믿었던 것이다. 그러나 현실은 달라도 너무 달랐다. 급여를 받는 직원들만으로는, 진정한 빈곤 회복의 복지 모델을 구현하는 데 분명한 한계가 있었다.

누군가의 생명을 살리는 일은 단순한 직업의 영역이 아니었다. 시간이 지날수록 나는 깊은 회의감에 빠졌다. 아무리 재정을 투입해도 실질적인 변화는 더디게 일어났고, 마치 밑 빠진

독에 물을 붓는 듯한 기분이었다.

 직원은 있었지만, '혼'이 없었다. 설립자의 뜻은 점점 흐려졌고, 조직은 생명을 살리는 도구가 아닌 행정의 틀에 갇혀갔다. 결국 나는 깨달았다. 한 사람의 재원으로는 대한민국의 빈곤계층 전체를 일으킬 수 없다. 정말로 사람을 살리는 복지를 하려면, 설립자인 내가 앞장서야 한다는 것을. 그래서 나는 결심했다. 내가 하던 모든 세상일, 안정적인 사업을 내려놓고, 오직 복지 하나만을 위해 나의 전 인생을 걸기로 했다. 그렇게 나는 단체 설립 일 년 만에 완전히 방향을 전환했고, 그 순간부터는 누가 시켜서가 아니라, 내가 선택한 길로 복지 현장을 직접 뛰기 시작했다.

 하지만 그렇게 발을 들인 길은 녹록지 않았다. 처음엔 내가 쌓아온 인맥과 자산이 든든한 기반이 되어줄 거라 믿었지만, 냉담한 반응과 외면에 부딪히자, 그 믿음은 여지없이 무너져 내렸다. 오히려 나의 결심을 폄하하고, 의도를 왜곡하는 이들도 있었다. 외로웠고, 때로는 좌절감에 몸을 떨었다. 한 명의 후원자도 없는 상황에서, 나는 내 자산으로 직원 급여와 사무실 임대료, 복지 현장 지원금까지 감당하며 일 년을 버텼다. 그러나 그것만으로는 부족했다. 그래서 가족들도 함께 희생의 길을 걷게 되었다. 아내는 생활비를 벌기 위해 새벽부터 일터로 나섰고, 두 아들은 학비와 생활비를 스스로 책임지며 아버지의 선택을 조용히 응원해 주었다. 그 사랑, 그 인내, 그 희생이 없었다면 오늘의 한국새생명복지재단은 존재하지 않았을 것이다.

가족의 믿음은 내가 무너지지 않도록 붙들어준 '보이지 않는 기둥'이었다. 나는 그 믿음 위에, 사람을 살리는 복지의 집을 세워가기 시작했다. 오늘날 우리가 만나는 수많은 생명의 기적은, 바로 그때 흘린 눈물과 땀, 그리고 결단에서 시작된 것이다.

흩어진 봉사를 하나로: 파란천사 운동의 시작

연혁이 쌓이고 재단 활동이 확대되면서 나에게는 또 하나의 확신이 생겼다. '이 모든 일은 나 혼자서는 할 수 없다.'

전국 곳곳에서 진심 어린 봉사를 하고 있는 시민들, 동료들, 단체들을 연결해 '하나의 네트워크를 만들자.' 그것이 바로 '파란천사' 운동의 시작이었다.

'파란천사'라는 이름에는 특별한 의미가 담겨 있다. '파란색'은 한국새생명복지재단의 생명을 상징하는 대표 색상으로, 구름 한 점 없는 맑은 하늘과 광활한 우주, 대자연의 색이다. 인간의 눈에 가장 깨끗하고 청량하게 비치는 색이기도 하다. 파란색은 청결함, 깨끗함, 그리고 생명의 순수함을 상징하며, 재단의 철학과도 깊은 일치를 이룬다. 또한 '천사'는 우리 사회에서 선행을 실천하고, 어려운 이웃을 위해 헌신하는 이들을 부를 때 흔히 사용하는 표현이다. 그래서 우리는 재단과 함께하며 이웃의 고통을 나누는 모든 봉사자를 '파란천사'라고 부르기로 했다.

파란천사는 처음에는 열 명 남짓의 자원봉사자들로 출발했지만, 그들의 따뜻한 실천이 전국으로 퍼져 나가며 본격적인 조직화가 시작되었다. 우리는 다음과 같은 구체적인 구조를 계획했다:

전국의 각 동마다 지역 조직 3,000개 구성. 우리 사회의 전문영역을 70개 분야로 나누어, 분야별로 100개씩의 조직 구성. 이렇게 지역 기반 3천 개, 전문 분야 7천 개, 총 1만 개의 파란천사 조직을 만들어, 사회복지의 사각지대를 없애는 데 앞장서고자 한 것이다. 특히, 어려운 이웃의 사정은 그 동네에 사는 이웃이 제일 잘 안다는 철학 아래, 지역 밀착형 조직을 구축함으로써 보다 정밀하고 실질적인 도움이 가능하도록 설계하였다.

파란천사 운동은 2021년부터 본격적으로 시작되었고, 대한민국이 진정한 복지국가로 나아가는 데 기여하는 것을 목표로 하고 있다. 단순한 단체의 활동이 아니라, 전 국민적 생명 나눔 운동이자, 문화가 되는 것이 파란천사의 궁극적 비전이다.

재단의 철학: 생명을 살리는 구조적 복지

한국새생명복지재단은 단순한 복지단체가 아니다. 우리는 단순히 물질을 전달하는 자선의 틀을 넘어서, 사람의 삶을 온전히 회복시키는 구조적 복지를 실현하고자 한다. 누군가의 인생을 진짜로 바꾸려면, 일회성의 도움으로는 부족하다. 다시 살아갈 수 있는 기반, 다시 일어설 수 있는 힘, 다시 꿈꿀 수 있는 자립의 조건을 마련해주어야 한다. 그래서 우리는 '치유'와 '회복'을 하나의 시스템으로 설계했다.

단순한 의약품이 아니라, 자연과 과학이 융합된 BOB 효소와 멜로시라 생명수를 통해 세포 단위의 회복과 면역력의 재생을 돕는다. 또한 생명에너지건강지원센터를 통해 누구나 직접 체험하고, 몸과 마음을 함께 치유할 수 있도록 주파수 의료기와 양자 에너지 체험 공간을 마련했다. 이 모든 실천의 배경에는 단 하나의 철학이 흐르고 있다. "도움은 감정이 아니라 구조여야 한다."

우리의 지원은 단지 '그때 잠시 살게 하는 것'이 아니라, '앞으로 스스로 살아갈 수 있게 하는 것'을 목표로 한다.

복지는 시혜가 아니라, 함께 걷는 동행이며, 구조는 기적을 현실로 만드는 길이다. 우리는 또 하나의 진실에 직면한다. 이 사회의 수많은 고통은 질병 때문만이 아니라, 경제적 무너짐 때문이기도 하다. 병원에 가야 한다는 것을 알면서도 치료비가 없어 병을 키우고, 일하고 싶지만 일할 기회조차 없이 소외되는 이들이 있다. 이들에게 우리는 말한다. "괜찮습니다. 당신은 혼자가 아닙니다. 그리고 반드시 다시 살아날 수 있습니다." 이 한마디를 온몸으로 실천하는 것이 한국새생명복지재단이며, 그 따뜻한 손을 내미는 주인공이 바로 파란천사들이다.

우리는 치료와 생계, 감정과 구조, 희망과 회복이 하나의 흐름 안에서 연결되는 새로운 복지의 패러다임을 만들어 가고 있다. 재단이 지향하는 복지는 눈에 보이는 성과가 아니라, 한 사람의 생명을 지켜내고, 한 가정의 내일을 밝히는 깊고도 지속적인 변화이다. 그것이 바로 우리가 가야 할 길이며, 지금, 이 순간에도 수많은 생명이 그 길을 따라 다시 숨을 쉬고 있다.

대한민국 복지문화의 중심으로

오늘날 한국새생명복지재단은 단순한 복지단체의 역할을 넘어, 우리 사회의 복지 사각지대를 실질적으로 연결하는 전국적인 생명망(Life-network)으로 성장해 왔다. 더 이상 도움은 특별한 사람의 몫이 아니라, 일상 속 모든 시민이 함께 나눌 수 있는 삶의 방식이 되어야 한다는 철학 아래, 우리는 복지를 '운동'(Movement)으로, 더 나아가 '문화'(Culture)로 변화시키고 있다. '파란천사 운동'은 이제 이름만 들어도 가슴 따뜻해지는, 하나의 시민정신의 상징이 되었다. 각 지역, 각 분야에서 자신의 자리에서 묵묵히 실천하는 수많은 파란천사들이 바로 그 증거이다. 이들은 단순한 자원봉사자가 아니다. 생명을 살리고, 절망을 희망으로 바꾸는 '희망 전달자'이며, 이 시대가 요구하는 새로운 시민 리더들이다.

파란천사 운동은 특정 기관의 소유가 아니라, 이 나라 국민 누구나 참여할 수 있는 공공의 가치와 실천의 장이다. 전국 각지에서 스스로 조직을 꾸리고, 어려운 이웃을 가장 가까이에서 돌보며, 위기의 순간마다 손 내밀 줄 아는 이들 덕분에 우리는 매일 작은 기적을 마주하고 있다.

이 모든 여정은 단 하나의 신념에서 출발했다. "사람은 다시 살아날 수 있다."

누군가가 손을 내밀어 주기만 한다면, 다시 일어설 수 있고, 다시 꿈꿀 수 있으며, 다시 살아갈 수 있다는 그 믿음 하나로 시작된 일이었다. 그리고 지금, 이 글을 읽고 있는 당신에게도 그 믿음이 전해지기를 바란다. 이 책이 당신의 마음에 조용히 스며들어, 아픔 속에 있는 누군가에게는 회복의 불씨가, 외로움 속에 있는 누군가에게는 함께함의 증거가, 그리고 살아갈 이유를 잃은 누군가에게는 새로운 생명의 문이 되기를 간절히 소망한다. 이것이 내가 한국새생명복지재단을 설립한 이유이며, 파란천사 운동을 시작한 진짜 동기이자, 지금까지 포기하지 않고 이 외길을 걸어온 이유다.

■ 독자에게 드리는 편지

치유의 길, 함께 걸어주셔서 감사합니다

이 책의 첫 문장을 써 내려갈 때, 저는 아직 눈이 흐렸고, 몸은 무거웠으며, 마음은 고요한 절벽 끝에 서 있는 듯했습니다.

'내 고통의 여정을 통해 누군가 위로받을 수 있을까?'

이런 의문을 품고 시작한 길이었습니다.

하지만 이제, 이 책의 마지막 장을 함께 열고 계신 당신이 있기에 저는 이 글을 쓰는 지금, 확신을 갖고 말할 수 있습니다. "누군가에게는 분명히 이 이야기가, 한 줄기 희망이 되었다고."

제가 겪은 질병의 고통과 육체의 한계, 그리고 그 속에서 피어난 회복과 사명은 단지 저만의 이야기가 아닙니다. 누군가는 지금, 오늘, 이 순간에도 같은 고통을 겪으며 같은 회복을 꿈꾸고 있기 때문입니다.

이 책이 그런 분들에게 작은 희망의 불씨가 되었으면 좋겠습니다. '나도 다시 일어설 수 있다.', '나도 다시 웃을 수 있다.' '나도 누군가의 삶에 빛이 될 수 있다.'라는 믿음을 가질 수 있도록 말입니다.

제가 회복한 길은 특별해서가 아니라, 가능했기에 특별했습니다. 주파수와 BOB 효소, 수많은 만남들, 그리고 그 너머에 있는 사명이라는 이름의 이유가 저를 다시 걷게 만들었고, 이 책을 쓰게 했습니다.

고통이 지나면 삶의 목적이 보입니다. 눈물의 시간을 통과하고 나면 사명의 소리가 들립니다. 그 사명을 이 책으로 함께 나누고자 했습니다.

이제 책을 덮는 순간, 저는 다시 기도하듯 바라고 있습니다. 당신이 다시 건강을 회복하고, 당신이 누군가에게 희망이 되기를. 그리고 우리 모두가 함께, 더 따뜻하고 밝은 세상을 만들어 나가기를.

읽어주셔서 감사합니다. 이 이야기의 길을 끝까지 걸어주셔서 감사합니다.

사랑과 회복을 담아

송창익 드림

회복의 열쇠

'효소', '주파수', '물'

들어가는 말

나는 이 책을 통해 그동안 나의 몸이 어떻게 회복되어 왔는지를 담담하게 기록해 보았다. 수년간의 고통, 통증, 질병. 그 절망의 시기를 지나오며 나는 주파수 의료기의 놀라운 회복력을 경험했고, BOB 효소를 통해 세포가 깨어나는 기적을 체험했다. 이 두 가지는 지금도 많은 사람들에게 추천하고 싶을 만큼 확실한 변화와 개선을 이끌어준 놀라운 회복의 도구들이다. 그래서 이 책 곳곳에는 그 회복의 경험이 생생히 담겨 있다. 하지만, 지금까지 책 속에는 제대로 소개되지 못한 또 하나의 결정적인 회복의 열쇠가 있었다. 그것은 바로 생명 유지에 꼭 필요한 '물', 그중에서도 아주 특별한 물, '니나수'이다.

2024년 봄, 내 몸을 살리기 위해 주파수 의료기로 열심히 치료받던 중 나는 대명바이오 이병걸 회장님으로부터 전화를 받았다. "이사장님, 지금처럼 어려운 사람을 돕는 복지를 하려면, 먼저 본인의 건강이 좋아야 하지 않겠습니까? 좋은 물을 마셔야 합니다. 니나수를 마셔 보세요." 그 따뜻한 권유가 내 인생에 또 다른 전환점을 만들어주었다. 그때부터 이병걸 회장님의 배려로 나는 니나수를 꾸준히 마실 수 있었고, 니나수는 내 몸을 다시 깨우는 데 많은 역할을 하게 되었다.

니나수는 단순한 갈증 해소용 생수가 아니다. 세포 깊숙이 스며드는 에너지의 물, 몸의 흐름을 회복시키는 살아있는 물이다. 마실 때 느껴지는 특유의 청량감과 부드러움, 가볍게 흡수되면서도 소화가 잘되고, 속이 편안해지고, 정신이 맑아지는 변화를 경험했다. 특히 니나수를 마시면서 소화가 원활해지고, 대소변이 편안해지며, 식욕이 안정되고, 피로감이 줄어들었다. 덕분에 의사들이 권장하는 하루 물 섭취량인 2리터를 별다른 부담 없이 마실 수 있었고, 내 몸은 점차 수분이 최적으로 공급된 상태로 회복되어 갔다. 이병걸 회장님께서 전해주신 이야기처럼, 니나수는 한국과 미국 등 국내외에서 생명체 면역력과 건강에 관련된 다양한 임상 실험을 거쳤으며, 수많은 사람들이 건강 개선을 체험했다.

니나수는 미국 FDA OTC(Over-the-Counter Drug) 등록을 통해 의사 처방 없이도 안심하고 마실 수 있는 일반의약품으로 인정받은 물이다. 이병걸 회장님 역시 위장병으로 수십 년 동안 약을 복용해 보았지만, 효과를 보지 못하다가, 니나수를 통해 단 한 달 만에 몸의 변화를 체험한 후, 오랜 직장 생활을 접고 이 물의 연구와 생산에 인생을 걸게 되었다. 그의 연구 끝에 만들어진 니나수는 30년 동안 국내외에서 유일하게 음이온 기능을 지닌 살아있는 물로 평가받으며, 수많은 환우에게 희망을 전하고 있다. 이제는 "물은 자연 백신이다!"라는 믿음 아래, 그가 직접 펴낸 저서『물은 자연백신』을 통해 많은 이들에게 생명의 메시지를 전하고 있으며, 한국새생명복지재단의 생명과학위원장으로, 그리고 파란천사 임원으로도 함께 활동하고 있다.

나는 주파수 의료기와 BOB 효소, 그리고 니나수를 함께하면서 몸이 깨어나고, 에너지가 살아나고, 삶이 다시 흐르는 기적을 체험했다. "주파수는 회복의 스위치를 켜고, BOB 효소는 세포에 생명의 불꽃을 피우며, 니나수는 그 생명의 흐름을 멈추지 않게 한다." 그래서 이 책의 마지막, 부록에서는 '효소', '주파수', 그리고 '물'에 대해 다시 한번 정리하고자 한다.

이 내용은 단순한 건강 정보가 아니라, 한 사람의 생명이 어떻게 다시 살아날 수 있었는지를 보여주는 여정이다. 부디 이 부록이, 당신의 삶에도 다시금 건강과 희망의 물줄기를 흐르게 하기를 진심으로 기도한다.

송창익 드림

■ 부록 Ⅰ

회복의 열쇠 – 효소

1. 효소란 무엇인가 – 생명의 작동 스위치

효소(Enzyme)는 살아 있는 생명체 내에서 일어나는 모든 생화학 반응을 촉진하는 생체 촉매입니다. 이는 단백질 또는 RNA로 이루어져 있으며, 각각의 효소는 특정 반응에 특화된 열쇠처럼 작동합니다. 우리 몸에 수천 가지 효소가 존재하며, 각각이 특정 물질에만 작용하는 정밀함을 가지고 있습니다.

왜 효소는 '작동 스위치'라고 불려질까?

우리가 살아가면서 겪는 거의 모든 생리 활동 즉 호흡, 소화, 세포 분열, 해독, 면역 반응, 상처 회복에는 반드시 효소가 작용합니다. 효소는 이러한 복잡한 과정을 정확한 타이밍에, 정확한 속도로, 정확한 장소에서 일어나도록 돕는 '스위치' 또는 '가속기'의 역할을 합니다.

예를 들어, 밥을 먹은 후 쌀에 들어 있는 전분(탄수화물)은 그 자체로는 몸이 사용할 수 없습니다. 하지만 입안의 타액에는 '아밀라아제(Amylase)'라는 효소가 들어 있어, 전분을 작은 당 분자인 '말토스'나 '포도당'으로 분해합니다. 이 과정을 거쳐야만 세포에 전달되어 에너지로 사용할 수 있습니다.

효소는 촉매, 변화 없이 변화를 이끈다

효소는 '생체 촉매'라는 개념으로 설명됩니다. 즉, 자신은 화학적으로 변화하지 않으면서도 다른 물질의 화학 반응을 수천에서 수백만 배까지 빠르게 진행하게 해줍니다. 만약 효소가 없다면, 우리 몸에서 일어나는 많은 화학 반응은 수백 년이 걸릴 수도 있습니다.

실제 과학 사례

포도당과 산소가 만나 에너지를 생성하는 반응은 산화적 인산화(oxidative hosphorylation)라고 불리며, 효소 'ATP합성효소(ATP synthase)'가 없으면 거의 진행되지 않습니다. 탄산탈수효소(carbonic anhydrase)는 이산화탄소를 물에 녹여 탄산으로 만드는 반응 속도를 무려 1천만 배 이상 증가시킵니다.

효소는 생체 반응의 문을 여는 '열쇠'

특정 문(화학 반응)은 특정 열쇠(효소)로만 열립니다. 이 열쇠는 잠시 자물쇠(기질)에 끼워졌을 뿐, 문이 열린 후에는 본래 모습 그대로 남습니다. 즉, 효소는 반응을 일으킨 후에도 재사용이 가능하다는 점에서 효율적입니다. 또 다른 비유로는 '요리사'에 해당합니다. 요리 재료(기질)를 조리해서 요리(생화학적 산물)로 바꿔주는 역할을 하되, 요리사 자신은 조리 과정에서 변하지 않으며 계속 일할 수 있습니다.

만약 효소가 없다면?

효소가 없다면, 인간의 생체 반응은 거의 정지 상태에 머물게 됩니다. 그러면 다음과 같은 문제들이 생길 수 있습니다:

- ▶ 음식 소화가 거의 되지 않음 → 영양 흡수 불가
- ▶ 세포 에너지 생성 중단 → 피로, 기능 저하
- ▶ 노폐물과 독소 축적 → 염증, 질환 유발
- ▶ 상처 치유 지연 → 면역 반응 약화

그렇기 때문에 효소는 생명의 전 과정을 이끄는 숨은 주인공이라 할 수 있습니다.

2. 효소의 종류 – 소화효소와 대사효소

효소는 수천 가지 이상이 존재하지만, 그 작용 범위에 따라 크게 두 가지로 나눌 수 있습니다. 바로 '소화효소(digestive enzymes)'와 '대사효소(metabolic enzymes)'입니다. 이 두 효소는 마치 우리 몸의 '입구'와 '심장'처럼, 건강의 양 날개를 형성합니다.

1) 소화효소 – 음식의 문을 여는 첫 번째 열쇠

소화효소는 우리가 먹은 음식을 영양소로 분해하여, 몸이 흡수하고 사용할 수 있는 형태로 바꿔주는 효소입니다. 대부분 입, 위, 췌장, 장 등 소화기관에서 분비됩니다.

주요 소화효소와 기능

효소 이름	작용 대상	분해 산물
아밀라아제 (Amylase)	전분(탄수화물)	포도당
프로테아제 (Protease)	단백질	아미노산
리파아제 (Lipase)	지방	지방산, 글리세롤
락타아제 (Lactase)	유당	포도당, 갈락토오스

과학적 사례: 우유를 마시면 배가 아픈 분들은 '유당불내증'일 수 있습니다. 이들은 락타아제라는 효소가 부족하여 소

장에서 유당을 분해하지 못하고, 장 속에서 발효가 일어나 가스와 복통, 설사를 유발하게 됩니다.

생활 속 비유: 음식은 자물쇠, 소화효소는 열쇠입니다. 쌀밥(전분)은 그대로 두면 몸이 사용할 수 없지만, 아밀라아제라는 열쇠가 자물쇠를 풀어주면 비로소 세포가 에너지를 얻을 수 있는 '포도당'이라는 연료가 나옵니다.

2) 대사효소 – 몸 속 공장 운영 관리자

대사효소는 세포 안에서 일어나는 모든 생명 활동을 조율하는 효소입니다. 단순히 음식만 분해하는 것이 아니라, 세포 재생, 에너지 생성, 해독, 염증 억제, 호르몬 조절, 면역 반응 등 거의 모든 기능에 관여합니다.

주요 작용의 예

- ATP 생성: 세포 속 미토콘드리아에서 'ATP 합성효소'가 작용해 에너지를 만들어냅니다.
- 해독 작용: 간에서 독소를 제거하는 데 필요한 '알코올 탈수소효소(ADH)' 작용.
- 산화 방지: 항산화 효소인 'SOD(슈퍼옥사이드 디스무타제)'가 활성산소를 제거합니다.

생명을 움직이는 현장

예를 들어 감기에 걸렸을 때 백혈구가 바이러스를 공격하는 데는 대사효소의 조율이 필수입니다. 면역세포들이 활발하게 움직이고, 염증을 조절하며, 조직을 복원하는 데까지 효소가 총출동합니다.

소화효소와 대사효소의 균형—건강의 핵심

우리 몸은 한정된 효소 생산량을 갖고 있습니다. 하루에 생산할 수 있는 총 효소의 양이 정해져 있기 때문에, 만약 소화에 너무 많은 효소가 쓰이면, 대사에 사용할 효소가 줄어들게 됩니다.

결과적으로 나타나는 현상

▶ 소화 효소 사용 과잉 → 대사 효소 고갈, 면역력 저하, 염증 증가, 피로 누적, 노화 촉진

이 때문에 전문가들은 '소화가 쉬운 식사'와 '외부 효소 섭취'를 강조합니다. 소화를 쉽게 해주면 내 몸의 대사 효소를 아끼고, 그 에너지를 질병 회복이나 면역 유지, 세포 재생에 집중할 수 있기 때문입니다.

외부 효소 섭취가 필요한 이유

현대인의 식습관은 대부분 가열·가공식품 위주입니다. 문제는 효소가 섭씨 45도 이상에서 파괴된다는 것입니다. 튀김, 볶음, 전자레인지 조리 음식은 거의 효소가 살아 있지 않습니다.

따라서 신선한 생식, 발효식품, 그리고 BOB 효소 같은 고기능성 효소식을 활용한 외부 효소 공급은 우리 몸의 '대사 효소 보존 전략'으로서 매우 중요한 선택입니다.

구분	소화효소	대사효소
위치	소화기관 외부	세포 내부
기능	음식 분해	에너지 생산, 해독, 면역 등
필요시점	식사 직후	하루 24시간
결핍 시 문제	소화불량, 장 트러블	피로, 면역 저하, 노화 촉진

이와 같이 소화효소와 대사효소는 따로 존재하지만 하나로 연결된 생명 회로입니다. 소화를 돕는 것은 단지 위장의 편안함을 위한 것이 아니라, 몸 전체를 건강하게 만드는 출발점입니다.

3. 효소가 부족하면 나타나는 신체 변화와 그 위험성

우리 몸의 효소는 출생 시부터 유한한 양이 생성되고, 나이가 들수록 점점 줄어듭니다. 20대 후반부터 감소하기 시작해 40대 이후로는 급감하며, 70대에는 20대의 약 20~30% 수준만 남게 됩니다. 또한 식습관, 환경, 스트레스, 약물 사용 등도 효소 고갈을 가속화시킵니다.

1) 소화 불량 및 위장 장애

효소가 부족하면 음식이 제대로 분해되지 못해 위 속에서 장까지 부패·발효되는 일이 잦아집니다. 그 결과 가스, 트림, 복부 팽만, 변비 혹은 설사 등이 생깁니다.

예시: 단백질 소화 효소가 부족하면 고기를 먹은 후 소화 시간이 길어지고 장내 독소가 발생, 피부 트러블이나 체취로 이어질 수 있습니다.

2) 만성 피로 및 에너지 부족

에너지 생성에 관여하는 대사효소가 부족해지면, 충분히 먹고도 항상 피곤함을 느끼게 됩니다. 이는 세포가 필요한 에너지를 충분히 공급받지 못하기 때문입니다.

과학 사례: 세포 내 미토콘드리아가 ATP를 만들기 위해선 수십 종의 효소가 필요한데, 이 효소가 부족하면 아무리 좋은 영양분을 섭취해도 에너지로 전환되지 못합니다.

3) 면역력 저하

면역세포들이 활성화되려면 효소의 보조가 필수입니다. 효소가 고갈되면, 감염이나 바이러스 침입에 대한 방어력이 약해집니다.

일상 사례: 감기, 대상포진, 피부염이 자주 재발하거나, 상처가 쉽게 낫지 않는다면 효소 결핍으로 면역세포의 기능이 저하된 것일 수 있습니다.

4) 염증 증가와 만성 질환

효소는 몸 안에서 생긴 염증을 진정시키는 작용도 합니다. 특히 프로테아제 계열 효소는 염증 반응을 줄여주는 역할을 합니다. 효소가 부족하면 염증이 잘 가라앉지 않고 만성화되기 쉽습니다.

의학 연구: 효소 결핍은 류마티스관절염, 위염, 장염, 비염 등의 염증성 질환과 밀접한 관련이 있다는 연구사례들이 있습니다.

5) 노화 가속화

노화는 단순히 시간이 흐른 결과가 아니라, 세포가 스스로 회복하지 못하는 데서 비롯됩니다. 효소가 부족해서 세포 재생이 느려지고, 산화 스트레스를 제거하지 못하게 되면 급격한 노화가 진행됩니다.

관련 효소: 항산화 효소(SOD, 카탈라아제, 글루타치온 퍼옥시다제)가 줄어들면, 세포가 활성산소에 쉽게 손상되고 주름, 색소 침착, 면역 저하가 나타납니다.

※ 효소가 부족하면 생기는 신체 증상

항목	증상
소화계	소화불량, 복부 팽만, 설사/변비, 가스
에너지	피로, 무기력, 집중력 저하
면역계	감염 빈도 증가, 상처 치유 지연
피부	트러블, 건조, 노화 촉진
염증	관절통, 위염, 장염 등 만성 염증 증상

왜 현대인은 효소가 부족할까?

▶ 가공식품 위주 식단—생효소가 풍부한 자연식을 거의 섭취하지 않음
▶ 고온 조리 음식—열로 인해 음식 속 효소 대부분 파괴됨
  (섭씨 45도 이상)

▶ 스트레스—스트레스 호르몬은 효소 생성에 악영향
▶ 약물 사용—항생제나 위산 억제제는 위장 내 효소 균형을 무너뜨림
▶ 과식과 야식—체내 효소 소비량을 크게 증가시킴

효소 부족의 악순환 구조

◎ 효소 부족 → 소화 불량 → 독소 축적 → 염증 증가 → 면역 저하 → 질병 발생 → 약물 사용 → 효소 더 고갈

이 악순환의 고리를 끊기 위해선 효소를 보존하고 보충하는 생활습관 개선이 절실합니다.

해결의 실마리: 외부 효소 섭취

천연 효소 식품(예: 생야채, 발효식품)과 함께 현대인의 필요에 맞게 설계된 기능성 효소 보충제(예: BOB 효소)는 부족한 효소를 보완하고, 몸의 회복력을 되살리는 중요한 역할을 합니다.

특히 BOB 효소는 과학적으로 배합된 소화효소+대사효소+항산화 효소가 포함되어 있어, 단순 보충이 아닌 생명 전체 회복을 도와주는 통합형 솔루션이라 할 수 있습니다.

4. 효소의 작용 원리 – 세포와 면역을 깨우는 과학적 메커니즘

효소는 단순히 음식 소화를 돕는 기능에 그치지 않습니다. 우리 몸을 이루는 37조 개 이상의 세포 하나하나에 효소가 작용하며, 이 효소의 활동 없이는 생명 유지가 불가능합니다. 이번 장에서는 효소가 세포, 에너지, 해독, 면역에 어떻게 관여하는지를 깊이 있게 살펴보겠습니다.

1) 세포 속 효소 – 생명의 엔진을 돌리는 열쇠

모든 세포는 생존을 위해 에너지를 생산하고, 단백질을 합성하며, 노폐물을 처리하는 복잡한 화학 반응을 반복하고 있습니다. 이때 효소가 없으면 세포는 활동을 멈추거나, 기능이 비정상적으로 작동하게 됩니다.

예시: 에너지 생산 (ATP 생성)

▶ 세포 안의 미토콘드리아는 '에너지 발전소' 역할을 합니다. 이곳에서 효소들이 포도당 + 산소 → ATP(에너지)를 만드는 반응을 촉진합니다.

▶ 주요 효소: 시트르산 회로의 시트르산 합성효소, 말산

탈수소효소, ATP 합성효소, 이 효소들이 제대로 작동하지 않으면 피로, 무기력, 집중력 저하가 생깁니다.

2) 해독과 정화 – 독소를 없애는 효소의 힘

우리 몸은 매일 노폐물, 활성산소, 유해 물질을 배출해야 합니다. 간, 신장, 장에서는 이 해독 작업에 효소가 필수적으로 작용합니다.

과학적 사례:

- ▶ 글루타치온 퍼옥시다제(GPX): 세포에 쌓인 과산화물(활성산소)을 물과 산소로 중화
- ▶ 카탈라아제(Catalase): 과산화수소를 물과 산소로 빠르게 분해
- ▶ CYP 효소군: 간에서 약물과 독소를 분해하는 효소 계열이 효소들이 부족하면, 몸속에 독소가 쌓이고 염증, 피로, 피부 트러블, 만성질환 등으로 이어집니다.

3) 면역계와 효소 – 보이지 않는 방패막

효소는 면역계의 '작전 지휘관'입니다. 바이러스나 세균이 침입했을 때 백혈구와 대식세포가 빠르게 반응할 수 있도록,

효소는 신호전달과 제거 작업을 돕습니다.

작용 원리: 대식세포가 침입자를 포식할 때, 단백질 분해 효소가 세균을 소화합니다.

NK세포가 암세포를 공격할 때도, 퍼포린(perforin)이라는 단백질 분해 효소를 방출해 암세포를 무력화시킵니다.

염증 반응 조절에는 '사이토카인'을 분해하거나 억제하는 프로테아제 계열 효소가 작용합니다.

결국 효소가 있어야 면역계가 빠르고 정확하게 대응할 수 있으며, 자가면역 질환이나 만성 염증을 줄이는 데도 핵심 역할을 합니다.

4) 효소의 작동 메커니즘 – 자물쇠와 열쇠 모델

앞에서도 보았듯이 효소는 특정 물질(기질)만 인식하고 반응을 일으킵니다. 이를 '자물쇠-열쇠 이론(lock-and-key model)'이라 합니다.

(예: '락타아제' 효소는 오직 '유당'이라는 자물쇠에만 들어맞는 열쇠입니다.)

기질과 효소가 결합하면 '효소-기질 복합체'가 형성되고, 짧은 시간 안에 기질이 분해되거나 변형됩니다. 반응이 끝나면 효소는 원상태로 돌아가고, 반복적으로 재사용될 수 있습니다.

이 작용은 초고속·초정밀·초효율로 이뤄지며, 단 1개의 효소 분자가 수천 개의 기질을 처리할 수 있습니다.

5) 효소의 과학적 특징 요약

항목	설명
특이성(Specificity)	하나의 효소는 오직 하나의 반응만 촉진
촉매 작용(Catalysis)	반응 후에도 본래의 모습 유지, 반복 사용 가능
온도·pH 민감성	대개 37℃, pH 6~8에서 가장 활발
보조인자 필요	일부 효소는 비타민, 미네랄 등과 결합해야 작동

효소가 활성화되면 달라지는 것들

▶ 더 빠른 소화와 배설 → 장 건강 개선

▶ 세포 재생 촉진 → 회복력 증가

▶ 면역 반응 정돈 → 알레르기, 염증 완화

▶ 에너지 생산 증대 → 집중력과 체력 상승

▶ 해독력 향상 → 간 기능 및 피부 상태 개선

그렇다면 BOB 효소는 어떻게 작용하는가?

BOB 효소는 과학적으로 배합된 다중 기능성 효소군이 포함되어 있어, 각각의 세포와 장기에 맞춤형으로 작용합니다.

- ▶ 소화 단계: 프로테아제, 아밀라제, 리파아제 등이 음식물을 완전히 분해
- ▶ 대사 단계: SOD, 카탈라아제, 글루타치온 등이 세포 재생과 항산화 촉진
- ▶ 면역·회복 단계: 대사효소 복합체가 면역세포 활성화와 조직 회복을 지원

이는 단순한 '보조제' 수준을 넘어서, 세포와 면역을 '각성' 시키는 회복형 효소식입니다.

5. 효소 섭취 – 음식과 보충제를 통한 효소의 공급 전략

우리는 효소를 몸 안에서 스스로 만들기도 하지만, 그 양은 제한되어 있습니다. 특히 나이가 들수록, 또는 몸이 병들수록 효소의 생산량과 활성도는 급격히 떨어지게 됩니다. 이 때문에 효소를 외부에서 섭취해 보충하는 것은 건강을 유지하고 회복하는 데 있어 매우 중요한 전략입니다.

1) 효소가 풍부한 자연 식품들

자연계에는 효소가 풍부하게 함유된 식품들이 존재합니

다. 특히 가열하지 않은 생식, 발효식품, 과일과 채소에 많이 들어 있습니다.

식품군	예시	포함된 주요 효소
생과일	파인애플, 키위, 파파야	브로멜라인(단백질 분해), 액티니딘, 파파인
생채소	무, 양배추, 샐러리, 브로콜리	아밀라제, 리파아제, 카탈라아제
발효식품	김치, 된장, 요구르트	다양한 프로테아제 및 유산균 효소
씨앗/곡물	발아 현미, 아마씨, 호밀	식물 대사효소, 아밀라제

※ 주의: 대부분의 효소는 섭씨 45~50도 이상에서 쉽게 파괴됩니다. 따라서 익히지 않은 상태로 섭취하는 것이 가장 효율적입니다.

2) 외부 보충이 필요한 이유

현대인의 식습관은 대부분 가공·가열 식품 위주입니다. 아침은 토스트, 점심은 튀김 도시락, 저녁은 외식—이런 식사에는 효소가 거의 존재하지 않습니다.

▲ 문제점

- 가열 조리로 효소 파괴 (전자레인지, 튀김, 찜 등)
- 과도한 식사량으로 인한 체내 효소 과소비
- 가공식품의 보존제, 인공첨가물이 효소 활성 저해

이러한 환경에서는 외부에서 고농축된 효소를 섭취해야만 세포와 장기의 기능을 유지하고 회복할 수 있습니다.

3) 효소 보충제, 어떻게 선택할까?

시중에 다양한 효소 제품이 나와 있지만, 다음 기준에 따라 선택해야 합니다.

좋은 효소 보충제의 기준

- ▶ 다중 효소 조합: 소화효소뿐 아니라 대사효소, 항산화 효소가 복합적으로 포함
- ▶ 식물 유래 효소: 열과 위산에 강한 식물성 효소 사용
- ▶ pH 내성: 위산에서 살아남아 장까지 도달할 수 있는 제형
- ▶ 보조성분 배합: 비타민, 미네랄, 유산균 등과 시너지 구조
- ▶ GMP 인증, 무첨가: 안전성과 품질을 보장받은 제품

4) BOB 효소 – 식사 대체 그 이상

BOB 효소는 한국생명공학연구원 박사들이 설계한 통합형 효소식으로, 단순 보충제를 넘어 식사 대체, 회복식, 질병 예방식의 기능을 가집니다.

BOB 효소의 특징

요소	내용
효소 조합	아밀라제, 프로테아제, 리파아제, SOD, 글루타치온, 카탈라아제 등
추가 성분	발효 야채 추출물, 식물성 미네랄, 유산균
효과	소화 촉진, 염증 억제, 면역 강화, 세포 해독 및 재생

5) BOB 효소의 섭취 방법 (실천 팁)

① 식사 대체용

▶ 아침 또는 저녁 식사 대신 BOB 효소를 물과 함께 섭취
→ 장을 쉬게 해주고, 소화 부담 없이 에너지 충전

② 건강 회복용

▶ 항암치료, 수술 후, 만성질환자 등 소화기능 저하 시 사용
→ 흡수가 빠르고 회복력이 높음

③ 피로 회복/ 면역 강화를 위한 병용

▶ 일반 식사 전후에 섭취하여 세포 기능 활성화, 노폐물 해소

효소는 '먹는 보약'이 아니라 '내 몸을 살리는 식사'

효소는 단순히 먹는 영양소가 아닙니다. 먹은 음식을 실제

로 '살아 있는 영양소'로 바꾸는 열쇠입니다. 아무리 좋은 음식을 먹더라도 효소가 부족하면 그 모든 영양이 무용지물이 됩니다.

실천 요약

- 하루 한 끼는 '효소 식사'로 대체하기
- 과일, 생야채, 발효식품 위주의 식단 구성
- 스트레스를 줄이고 충분한 수면으로 효소 활성도 유지
- BOB 효소와 같은 과학적 설계 제품을 활용한 외부 보충

6. 과학이 증명한 효소의 실제 효능 – 국내외 연구와 임상사례

효소는 수천 년 전부터 자연요법과 전통 식생활에서 널리 활용되어 오고 있고, 현대 의학에서도 그 중요성은 명확한 임상 자료와 연구 결과로 더욱 강조되고 있습니다. 이 장에서는 효소가 실제 어떤 질환과 기능 개선에 효과를 보였는지, 국내외 주요 연구와 임상사례를 중심으로 설명합니다.

1) 소화기 질환에 대한 효소의 효능

- 일본 국립영양연구소 연구

  - 대상: 만성 소화불량 환자 82명
  - 내용: 프로테아제·아밀라제 혼합 효소 투여
  - 결과: 식후 팽만감, 복통, 트림 증상 67% 이상 완화

- 국내 임상 사례

  - 서울대학교병원 소화기내과: 고지방 식사 후 효소 복합제 섭취 시,
  - 담즙 분비 속도 및 소화 흡수율 20% 이상 향상

- 결론: 소화효소는 위장장애뿐 아니라, 위산 과다나 과민성 대장증후군에도 효과적이며, 기능성 소화불량의 주요 대안으로 활용됩니다.

2) 면역 및 염증 질환에 대한 효소 치료 효과

- 미국 국립보건원(NIH)

  - 연구: SOD(항산화 효소) 보충이 염증성 관절염 환자에게 미치는 영향
  - 결과: 관절 부종, 통증, CRP 수치 모두 30~40% 감소

● 독일 뮌헨의대 임상시험

   - 대상: 만성 부비동염, 류마티스, 천식 환자

   - 치료법: 프로테아제 효소 요법

   - 결과: 일반 약물보다 부작용이 낮고 회복 속도 빠름

● 특징: 효소는 부작용이 적고, 장기 복용 시에도 안전성이 높아 면역 질환, 염증 질환 치료에 활용도가 높습니다.

3) 항암 및 항산화 효소의 가능성

● 캐나다 토론토대학교 종양학 연구소

   - 내용: 글루타치온 + 카탈라아제 보충이 암세포 주변 활성산소 제거

   - 결과: 암세포 증식률 최대 45% 억제, 정상세포 손상은 감소

● 국내: 가톨릭대학교 의과대학

   - 연구: 항암치료 중 효소 섭취 그룹과 비교 그룹의 회복 차이

   - 결과: 효소 섭취 그룹이 체중감소와 근육 손실이 적고, 피로도 회복 빨라

● 중요 포인트: 효소 자체가 직접 항암 작용을 하지는 않

지만, 항산화 작용, 염증 억제, 세포 회복 촉진을 통해 암 치료를 돕는 보조요법으로 주목받고 있습니다.

4) 당뇨, 고혈압, 대사질환 개선 효과

- 미국 미네소타대학 당뇨병 연구센터
  - 내용: 식물성 효소가 당 흡수 속도와 혈당 반응을 완화시킴
  - 결과: 식후 혈당 피크 최대 35% 감소
- 국내 BOB 효소 체험 사례
  - 사례자: 64세 당뇨 환자, BOB 효소 하루 2회 섭취
  - 결과: 공복 혈당 180 → 110 안정화, 체중 4kg 감소, 피로도 개선

BOB 효소의 특징은 단순 소화 보조를 넘어, 혈당 조절, 인슐린 민감도 개선, 대사 균형 회복에 기여한다는 점에서 질환 예방식이요법의 한 축으로 부상하고 있습니다.

5) 항노화 및 세포 재생에 대한 긍정적 결과

- 하버드 의대 노화 연구팀

- 내용: 장내 효소와 항산화 효소가 노화 세포 제거에 미치는 영향
- 결과: NAD+, SOD, 글루타치온 보충 시 세포 재생률 증가, 텔로미어 감소 속도 지연

● 실생활 적용

- 중년 여성 대상 효소식(BOB 효소) 12주 섭취 시 피부 수분도, 기력 지표, 소화 효율 등 전 항목에서 유의미한 개선

효능 분야	과학적 근거
소화기 건강	식후 증상 감소, 장내 유익균 증진
면역 기능	염증 억제, 면역세포 활성화
항산화/항노화	활성산소 중화, 세포 손상 억제
대사질환 개선	혈당 조절, 체중관리, 에너지 생산 향상
회복 촉진	수술·항암치료 후 회복, 근육 보존

"효소는 단순히 소화를 돕는 것이 아니라, 삶의 질을 향상시키는 건강 전략의 핵심 축입니다."

7. 결론 – 효소는 생명이다

우리는 매일 무심코 숨을 쉬고, 음식을 먹고, 생각하며 살

아갑니다. 그러나 그 모든 생명 활동의 중심에는 보이지 않지만 강력하게 작용하는 '효소'가 있습니다. 효소가 없다면 생명도 존재할 수 없습니다.

효소, 생명을 지탱하는 보이지 않는 손

효소는 단순한 '소화보조제'가 아닙니다. 그것은 생명을 설계한 하나님의 이치 속에 담긴 원리이자, 몸이 스스로를 치유할 수 있도록 돕는 창조적 메커니즘입니다.

효소로 인해 소화가 잘 되고 면역이 강해지며 피로가 줄고 세포가 회복되며 삶의 에너지가 되살아납니다. 즉, 효소는 생명을 움직이고, 유지하며, 회복시키는 핵심 에너지입니다.

BOB 효소란? – 과학이 설계한 통합형 효소 영양

BOB 효소는 'Best of Balance'의 약자로, 한국생명공학연구원 출신의 박사들이 오랜 연구 끝에 설계한 과학 기반 효소 식사입니다. 단순한 보충제가 아닌, 효소 중심의 기능성 식사 대체식으로서, 현대인의 잘못된 식습관과 건강 문제를 동시에 해결하기 위한 솔루션입니다.

BOB 효소는 소화효소, 대사효소, 식물 유래 생리활성 물질, 미네랄, 비타민 등이 이상적인 비율로 배합되어 있으며, 세포 대사 회복, 염증 억제, 면역 증강, 피로 개선, 장 건강 등 여러 방면에서 복합적인 작용을 기대할 수 있습니다. 특히 BOB 효소는 효소와 영양소의 시너지를 고려해 식사로 흡수된 영양이 효율적으로 대사되고, 에너지로 전환될 수 있도록 설계된 점이 큰 강점입니다.

BOB 효소의 적용 분야 – 회복, 예방, 대체식

BOB 효소는 다양한 건강 상태의 사람들에게 적용될 수 있습니다. 다음은 주요한 활용 분야입니다.

1) 질병 회복기 영양 보충

수술 후 회복기, 항암 치료 중, 고혈압·당뇨 등 만성질환 환자에게 일반 식사는 부담이 될 수 있습니다. 이때 BOB 효소는 소화에 부담을 주지 않으면서 필요한 에너지를 공급할 수 있습니다.

2) 성인병 예방 및 체중 조절

고지방·고탄수화물 식단이 일상화된 현대 사회에서,

BOB 효소는 혈당 안정, 체내 독소 배출, 염증 감소에 기여하여 성인병 예방에 효과적입니다. 또한 식사 대용으로 활용하면 체중 감량과 근육 보존에도 도움을 줍니다.

3) 피로 회복 및 항노화

세포 에너지 대사를 돕고 활성산소를 줄이는 항산화 효소가 포함되어 있어, 피로 회복과 노화 지연, 면역력 강화 측면에서도 탁월한 결과를 보여줍니다.

BOB 효소의 과학적 배경 – 세포를 살리는 원리

BOB 효소는 다음과 같은 작용 메커니즘을 기반으로 설계되었습니다.

- ▶ 세포 에너지 생산: 미토콘드리아에서 ATP를 생성하는 데 필요한 효소 작용을 활성화합니다.
- ▶ 산화 스트레스 억제: 글루타치온, SOD, 카탈라아제 등의 효소를 통해 활성산소를 제거하여 세포 손상을 줄입니다.
- ▶ 염증 반응 완화: 사이토카인의 균형을 조절하여 만성염증을 억제합니다.
- ▶ 면역 활성화: 백혈구와 대식세포의 활성을 도와 면역력

을 높입니다.
- ▶ 장내 환경 개선: 소화효소와 프리바이오틱 성분이 장내 유익균을 증가시켜 면역 및 소화 기능을 동시에 향상시킵니다.

효소의 미래 – 식사에서 치료까지

효소에 대한 관심은 이제 '보조영양소'를 넘어서 의료적 활용, 노화 지연, 치료 보조제로까지 확대되고 있습니다. 전세계적으로 '효소 치료제(enzyme therapy)'에 대한 다각적 연구가 진행 중이며, 특히 암 치료, 자가면역 질환, 신경계 질환 등에서 효소의 잠재력이 주목받고 있습니다.

BOB 효소는 이러한 흐름 속에서, 기존 식사 방식을 바꾸는 대안식으로서의 위치를 확립해 나가고 있습니다. 음식으로 회복하고, 효소로 예방하며, 삶을 바꾸는 이 혁신적인 방법은 단순한 건강관리 그 이상입니다. 생활의 질을 바꾸는 새로운 문명적 선택입니다.

마무리 – 생명 회복의 길, 효소에서 시작된다

우리는 이제 효소를 단순히 '소화의 조력자'로만 보아선 안 됩니다. 효소는 생명의 동반자요, 회복의 파트너입니다. 자연이 우리에게 준 가장 섬세하고 정밀한 선물인 효소를 올바르게 알고 적절히 활용할 때 놀라운 회복의 힘을 발휘합니다.

BOB 효소는 회복과 생명의 지혜를 담아, 수많은 사람들에게 새로운 삶의 가능성을 열어주고 있습니다. 효소, 한 끼의 식사로 일상의 선택이 바뀌면 삶 전체가 바뀝니다.

"그 시작은 바로, 효소에서 출발합니다."

■ 부록 II

회복의 열쇠 – 주파수

인체 세포의 주파수란?

1. 세포는 전기적 존재입니다

우리 몸의 세포 하나하나는 미세하지만, 전기를 띤 이온(양이온, 음이온)의 흐름에 의해 생명 활동을 이어갑니다.

세포막 안팎의 전위차는 세포가 신호를 주고받고, 영양소를 흡수하며, 노폐물을 배출하는 데 필수적인 역할을 합니다. 이러한 전위차의 변화는 전기적 진동, 즉 '주파수(Frequency)'로 해석할 수 있습니다.

2. 세포의 정상 주파수 범위

▶ 정상적인 건강한 세포 주파수: 약 62~72 MHz
▶ 질병이 있는 세포: 58 MHz 이하로 낮아짐

▶ 암세포, 염증세포: 42 MHz 이하까지 떨어지기도 함

이는 MHz(Megahertz) 단위로 측정되며, 특정 질병 상태에 따라 주파수가 달라진다는 것이 확인되고 있습니다.

3. 세포 주파수와 질병의 관계

주파수	생리 상태
78 MHz	긍정적 감정 상태, 명상 등
68~72 MHz	정상적인 건강
58~60 MHz	감기, 바이러스 초기 침투
48~52 MHz	만성 질환, 염증 상태
42 MHz 이하	암세포 활동 가능성

이 주파수 변화는 세포의 에너지 부족, 독소 축적, 염증 반응, 산화 스트레스 증가와 밀접하게 관련되어 있습니다.

4. 주파수와 치료: 세포 공명 원리

주파수 치료는 '공명 원리'를 활용합니다.

특정 질환이나 장기에 맞는 주파수를 외부에서 전달하여, 세포가 본래의 진동수로 회복하도록 돕는 방식입니다. 이것은 마치 악기의 줄이 맞춰진 음에 공명하듯이, 세포도 특정 주파수에 반응하여 에너지와 균형을 되찾습니다.

▶ 예시: 간세포는 약 55~60MHz의 주파수에 반응하며, 해당 주파수를 외부에서 전달하면 간세포의 활성화와 회복을 유도할 수 있습니다.

5. 주파수를 활용한 대표적인 분야

▶ 주파수 의료기기 (예: Rife, PEMF, Bioresonance)
▶ 음향/음파 요법 (Sound Therapy)
▶ 주파수 기반 보충제 (Frequency Imprinted Water, 파동치료)

요약 정리

항목	설명
세포 주파수란?	세포 내 이온 흐름에서 발생하는 전기 진동
정상 범위	62~72MHz
낮아질 경우	면역력 약화, 질병 발생
치료 원리	외부에서 해당 주파수를 전달해 세포를 공명시켜 회복 유도
응용분야	의료기기, 웰빙 테라피, 주파수 식품/물 등

BOB 효소 + 주파수 치료의 시너지 효과

1. 세포의 주파수 균형은 효소 작용의 기반입니다

세포는 생명활동의 기본 단위이며, 전위(주파수)를 지닌 생체 에너지체입니다.

건강한 세포는 62~72MHz 범위의 안정된 주파수를 가지며, 이때 효소가 활발히 작용해 → 영양소 흡수 → 노폐물 배출 → 에너지 생성 등 생명유지 기능이 원활히 이루어집니다.

하지만 스트레스, 독소, 만성 염증, 노화 등으로 인해 세포의 주파수가 낮아지면 (40~58MHz 이하) → 대사 기능 저하 → 해독 능력 약화 → 질환 유발로 이어집니다.

이때 BOB 효소가 공급되면,

→ ATP 생성 촉진
→ 미토콘드리아 에너지 회복
→ 세포가 다시 정상 주파수를 유지할 수 있는 환경을 제공합니다.

정리

주파수는 '토양', BOB 효소는 '영양분' → 건강한 회복을 위한 이중 기반 시스템입니다.

2. BOB 효소는 세포 공명을 가속시키는 생화학적 '점화장치' 입니다

주파수 의료기는 세포 고유의 진동수를 외부에서 자극하여 기능이 저하된 세포를 각성시키고 회복 모드로 전환시킵니다.

이 단독 기술만으로도 세포 활성화, 통증 완화, 염증 제거, 면역 강화가 가능합니다. 그러나 개인의 체력, 세포 내 환경, 영양 상태에 따라 회복 속도가 달라지며 시간이 오래 걸리는 경우도 있습니다.

여기서 BOB 효소가 결정적인 촉진제 역할을 합니다. 미토콘드리아에 즉시 사용 가능한 효소와 대사 영양소를 공급하고, 주파수에 반응할 세포 기반 에너지 회로를 가동시켜 주파수 자극의 효과를 빠르게, 깊게, 안정적으로 유도합니다.

결론적으로 주파수 자극은 회복의 "불씨"를 지피고, BOB 효소는 그 불씨를 "불꽃"으로 키우는 점화장치입니다.

3. BOB 효소는 세포 내 전하 균형 회복을 돕습니다

세포막은 이온(전하)의 미세한 균형을 통해 전위차(주파수)를 형성합니다.

이 균형이 무너지면,

→ 세포 기능 저하
→ 염증 유발
→ 통증, 피로 등 만성 증상을 유발하게 됩니다.

BOB 효소는 칼륨, 마그네슘, 칼슘 등 미네랄, 소화효소 + 대사효소, 항산화 효소 복합군을 통해

→ 이온 밸런스를 빠르게 회복시키고
→ 전위차(세포 주파수)를 정상화합니다.

이 과정은 세포 기능 회복, 수분 이동, 영양 전달의 기초 인프라를 재건하는 핵심 작용입니다.

4. BOB 효소는 염증 제거를 통해 주파수를 끌어올립니다

염증이 있는 조직은 산성화되며, 세포 진동수는 급격히 저하됩니다.

BOB 효소는 강력한 항산화 효소(글루타치온 유사군)를 통해

→ 활성산소 제거

→ 면역세포 회복

→ 노폐물 배출

→ 모세혈관 순환 개선

이 모든 작용이 통합되어, 세포의 주파수를 다시 건강한 진동수로 상승시킵니다.

특히 암, 만성피로, 당뇨, 고혈압 등 염증성 질환에 탁월한 예방 및 회복 효과가 관찰됩니다.

BOB 효소 + 주파수 치료의 시너지 구조

[1] 주파수 자극 → 세포 기능 자극 & 회복 유도
　　　+
[2] BOB 효소 공급 → 대사 연료, 항산화, 해독 기반 공급
　　　↓
[3] 미토콘드리아 에너지 생성 → ATP 증가
　　　↓
[4] 전위 회복 → 세포 진동수 상승 → 염증/통증 완화
　　　↓
[5] 면역력, 회복력 극대화 → 근본적 건강 회복

요약표

요소	핵심 역할	결과
주파수 자극	세포 리듬 자극/회복 모드 진입 유도	기능 회복, 통증 완화
BOB 효소	영양, 에너지, 항산화 공급	회복 가속화, 면역력 강화
시너지 작용	주파수 +효소 +해독의 통합 회복 작용	빠른 재생 + 깊은 치유 + 지속효과

핵심 메시지

주파수와 효소, 두 기술이 만났을 때 세포는 깨어나고 회복하고, 본래대로 스스로 치유하는 능력을 되찾습니다.

"주파수 치료는 회복의 문이고, BOB 효소는 그 문을 활짝 여는 열쇠입니다."

■ 부록 Ⅲ

회복의 열쇠 – 물

생명의 본질, 물

"몸의 70%를 채우는 생명의 강을 흐르게 하라."

사람의 몸, 얼마나 '물'로 이루어져 있을까?

나이대	체내 수분 비율
신생아	약 75~80%
성인 남성	평균 60~65%
성인 여성	평균 50~60%
노인	약 50% 전후

우리가 일상에서 마시는 '물'은 단지 갈증을 해소하는 음료가 아닙니다. 물은 인체 생명 유지의 핵심 요소이며, 실제로 성인의 60~70%, 신생아의 경우 약 80% 이상이 수분으로 구성되어 있습니다.

※ 특히 심장, 뇌, 신장, 폐, 간 같은 주요 장기는 물 함유율이 70~85%로 매우 높습니다. 이는 생명 활동 대부분이 수분을 바탕으로 이루어진다는 사실을 의미합니다.

하루에 물을 얼마나 마셔야 할까?

일반적으로 성인은 하루 1.52리터(6~8잔) 이상의 물을 섭취해야 한다고 알려져 있습니다. 하지만 개인의 체중, 활동량, 기후, 음식 섭취량 등에 따라 달라질 수 있습니다.

물 섭취 권장 기준 (건강한 성인 기준)

▶ 남성: 2.5L/일 (음식 포함)
▶ 여성: 2.0L/일 (음식 포함)

단순 음용수 기준으로는 하루 6~8잔(1.52리터) 정도이고 커피, 음료수, 국물 등은 순수한 '물'의 역할을 대체할 수는 없습니다.

물은 인체에서 어떤 역할을 할까?

역할	구체적 기능
체온 조절	땀, 호흡을 통해 체온을 일정하게 유지
영양소 운반	혈액과 림프액을 통해 세포에 영양소 공급
노폐물 배출	신장, 대장, 피부를 통한 독소 및 대사산물 제거
세포 대사 촉진	효소 반응과 미네랄 흡수 과정의 촉매 작용
관절 윤활	연골과 활액 구성, 관절 운동성 유지
뇌 기능 유지	뇌조직 80% 이상 수분, 집중력과 감정 안정에 필수

이렇게 물은 단순한 '음료'가 아닌, 몸 안의 생명 공장에 연료를 공급하는 필수 자원입니다.

물을 적게 마시면 어떤 증상이 나타날까?

만성 탈수는 생각보다 흔하고, 건강에 여러 가지 문제를 일으킬 수 있습니다.

수분 부족 상태	나타날 수 있는 증상
2% 부족	갈증, 피로, 집중력 저하
5% 부족	두통, 변비, 피부 건조, 구취, 기억력 저하
10% 이상 부족	현기증, 저혈압, 신장 기능 저하, 면역력 약화

특히 노인층은 갈증을 자각하는 능력이 낮아져 만성 탈수에 더 쉽게 노출되며, 신체 내부의 불균형은 낙상, 혼란, 감염

위험을 높일 수 있습니다. 또한 커피, 술, 짠 음식, 인스턴트 식품 등의 섭취가 많으면 체내 수분 손실은 더 커지고, 우리 신체는 더 많은 물을 필요로 합니다.

생활 속 실천 팁

- 아침에 일어나자마자 미지근한 물 한 잔으로 하루를 시작하세요.
- 식사 전후, 활동 전후에 작은 잔으로 나누어 자주 마시는 습관을 들이세요.
- 갈증이 느껴질 땐 이미 탈수가 시작된 상태로 충분히 물을 마셔야 합니다.
- 색이 진한 소변은 수분 부족의 경고 신호이니 수분을 보충해 주세요.

우리 몸에 꼭 필요한 물

앞에서 얘기했듯이 사람의 몸은 대부분 '물'로 이루어져 있습니다. 심장은 79%, 뇌는 85%, 폐는 80%, 혈액은 90%가 물입니다. 물은 단지 수분이 아니라, 세포 안에서 생명을 움직이는 유일한 매개체입니다. 우리 몸의 생명 활동은 '물'을 바탕으로 이루어집니다. 체온을 조절하고, 노폐물을 배출하고, 영양소를 운반하며, 세포 내 효소 반응을 촉진하는 것, 이 모든 활동에 물 없이는 불가능합니다.

하루 1.5~2리터의 수분 섭취는 생명을 유지하는 최소한의 조건이며 단순히 필요한 양을 채우는 것으로는 부족합니다.

'어떤 물을 마시느냐' 하는 것은 곧 '어떤 삶을 살 것이냐' 와 같은 문제입니다.

그렇다면 '어떤 물'을 마셔야 할까?

임상 실험을 마친 기능성 물 "니나수"

우리 몸에 꼭 필요한 물, 수돗물, 정수된 생수로 충분할까?
질병을 예방하고, 세포를 살리고, 에너지를 깨우는 물이 있다면?

바로 그 해답이, '니나수'입니다.

니나수는 단순한 생수가 아닙니다.

"세포를 깨우는 생명수", "몸이 먼저 알아차리는 물"로 불릴 만큼 과학적 기능과 생체 친화적 특징을 지닌 기능성 활성수입니다.

왜 니나수인가?

니나수의 특징	건강에 미치는 영향
원적외선 에너지수	세포 대사를 자극, ATP 생성 촉진
알칼리 미네랄 수	체내 산성화 방지, pH 균형 회복
작은 분자 구조	빠른 체내 흡수, 세포 투과력 증가
항산화 작용	노폐물 제거, 활성산소 중화
계면활성 효과	물의 생체 이용률 향상, 면역세포 활동 지원

니나수의 주요 특징

1. 생체 활성화 기능수

- 원적외선 에너지수: 니나수는 특허받은 생육기를 통해 원적외선(4~14㎛)을 물에 주입하여, 세포의 에너지 대사를 촉진하는 기능수로 제조됩니다.

- 알칼리성 미네랄 함유: 칼슘, 마그네슘, 칼륨 등 다양한 미네랄이 풍부하게 포함되어 있어, 체내 산성화를 방지하고 세포 기능을 정상화하는 데 도움을 줍니다.

2. 우수한 흡수력과 항산화 효과

- 작은 물 분자 구조: 니나수는 물 분자가 작아 체내 흡수율

이 높고, 포만감이 적어 충분한 수분 섭취가 가능합니다.

- 산화 방지: 물 속의 산성화 물질(아황산가스, 탄산가스, 염소가스 등)을 제거하여, 체내 산화 스트레스를 줄이고 이뇨 작용을 촉진합니다.

3. 면역력 및 세포 기능 개선

- 계면활성 효과: 니나수는 생체 분자에 대한 계면활성 효과를 통해 물의 생체 이용률을 높여, 면역력과 세포 기능을 향상시킵니다.

- 세포 구조 안정화: 체내 수분이 부족할 경우 세포막 안팎의 분자 구조가 이상을 일으킬 수 있는데, 니나수는 이러한 구조를 안정화시켜 건강을 유지하는 데 기여합니다.

니나수의 다양한 활용 분야

1. 농업 분야

- 작물 성장 촉진: 니나수를 사용한 농작물은 대과율이 증가하고, 병해충 발생률이 감소하며, 저장성이 향상되는 등의 효과가 보고되었습니다.

2. 축산 분야

- 가축 건강 개선: 니나수를 급여한 가축은 설사, 피부병 등의 질병 발생률이 감소하고, 육질이 향상되며, 폐사율이 줄어드는 등의 긍정적인 변화가 나타났습니다.

3. 인체 건강 관리

- 만성 질환 예방 및 개선: 니나수는 만성피로, 소화불량, 관절염, 변비 등 다양한 건강 문제에 도움을 줄 수 있으며, 특히 노년층의 만성 탈수 상태 개선에 효과적입니다.

니나수, 국내외 인증 및 특허 획득

- 국내외 특허 등록: 니나수는 한국을 비롯하여 미국, 일본, 캐나다, 호주 등 38개국에서 특허를 획득하였습니다.
- 국제 인증: 미국 FDA 등록 및 세계 발명품 특허기술대전에서 금상과 특별상을 수상하여, 제품의 안정성과 기능성을 인정받았습니다.

"이제, 다시 살아갈 수 있다는 희망을 품습니다."

나는 한때, 하루하루가 고통의 연속이었습니다.

척추 수술 이후 찾아온 후유증, 황반변성으로 흐려진 시야, 몸을 움직일 때마다 찾아오는 통증과 절망감. 하지만 그 끝자락에서 나는 한 줄기 희망의 빛을 만났습니다. 우연처럼 다가왔지만, 돌이켜보면 필연처럼 연결된 세 가지 회복의 열쇠!

주파수 의료기, BOB 효소, 그리고 니나수였습니다.

첫 번째 열쇠, 주파수 치료

주파수는 우리 몸의 언어였습니다. 세포 하나하나에 말을 걸듯, 내 몸의 흐름을 다시 깨우고, 무너졌던 기능과 면역을 천천히 복구해 나갔습니다. 세포를 살리는 주파수는 눈에 보이지 않지만, 분명히 나를 살아나게 하고 있었습니다.

두 번째 열쇠, BOB 효소

그러나 주파수만으로는 회복이 더뎠습니다. 깨워진 세포에 에너지를 공급해 줄 무언가가 필요했습니다. 그때 나는 BOB 효소를 만났습니다. 한국생명공학연구원 박사들의 연구를 통해 개발된 이 효소는 단순한 영양제가 아닌, 세포 스스로 살아나도록 돕는 생명의 조합이었습니다. 통증이 줄었고, 체력이 돌아왔으며, 나는 다시 아침을 기대하게 되었습니다.

세 번째 열쇠, 물 "니나수"

하지만 마지막 퍼즐이 남아 있었습니다. 몸이 원하는 건 단순한 수분 보충이 아니라, 세포가 반응하고, 에너지가 흐를 수 있는 '살아있는 물'이었습니다. 니나수는 그런 물이었습니다.

원적외선으로 활성화된 물, 미네랄이 풍부하고 알칼리성을 갖춘 물, 그리고 세포막을 통과할 수 있을 만큼 작은 분자구조를 가진 물. 이 물을 마신 이후로 나는 내 몸이 '다르다'는 것을 느끼기 시작했습니다.

세 가지가 하나가 되었을 때

그때 깨달았습니다. 주파수 치료는 회복의 스위치를 켜고, BOB 효소는 세포의 엔진에 연료를 공급하며, 니나수는 그 연료가 흐를 수 있도록 순환을 돕는 물줄기입니다.

이 세 가지가 함께할 때, 몸은 단순한 회복이 아니라 '재생'이라는 새로운 가능성을 보여줍니다.

글을 마치며

이 책을 읽고 계신 당신도, 아마 어느 순간 통증, 피로, 병든 몸과 마음 앞에서 무력감을 느낀 적이 있으실 것입니다.

하지만 오늘 제가 전하는 이 회복의 기록이, 그 누군가에게 "나도 다시 살아갈 수 있다."라는 희망의 불씨가 되기를 간절히 바랍니다.

이제, 여러분도 삶의 균형을 되찾고, 세포가 깨어나는 진짜 건강의 길 위에 서시기를 바랍니다.

건강은 선택입니다. 그리고 오늘, 그 첫걸음은 물 한 잔, 효소 한 포, 주파수 한 번의 자극에서 시작될 수 있습니다.

감사합니다.

송창익 드림